公庫の元融資課長が教える開業資金らくらく攻略法

事業計画書は1枚にまとめなさい

上野光夫

ダイヤモンド社

このポイントを押さえれば書けるチェックリスト

5 従業員 ｜必要な人材を確保していることを示そう

Attention 最初は必要最低限の人員でスタート!

- □ 主要なスタッフは決めておくことが望ましい
- □ 過剰人員になっていないかチェック

6 お借入の状況 ｜住宅ローンやカードローンなど借入があれば記入しよう

Attention 隠しても「個人信用情報」に出ていると見透かされますよ!

- □ 「返済予定表」などで残高や返済額を確認する
- □ 自分の個人信用情報を確認しておくのが望ましい

7 必要な資金と調達方法 ｜起業するのにいくら必要か計算して調達方法を固めよう

Attention 融資額を増やすために“金額を盛る”のはNG!

- □ 「設備資金」……金額の妥当性と必要不可欠な理由を説明できるようにする
- □ 「運転資金」……“「原価＋経費」の3～4カ月分＋自己資金額”までが目安
- □ 「調達の方法」……自己資金が重要ポイント

8 事業の見通し ｜起業して事業を軌道に乗せられる根拠を示そう

Attention 「自信があります」だけでは融資してもらえない!

- □ 売上予測の算出方法は“客単価×客数”が理解されやすい
- □ 売上予測の根拠となるものをひねり出して説明する
- □ 原価や経費は過少にならないよう注意する

創業計画書は8項目を埋めるだけ！

1 創業の動機

融資担当者によいファーストインプレッションを

Attention「起業への熱い思い」を書けば書くほど融資担当者は冷めますよ！

- □ これまでの経験を生かす起業であることをアピール
- □ ビジネスプランの概要が読み取れる内容にする
- □ 顧客確保のめどや起業準備していることに触れる

---

2 経営者の略歴等

これまで培ったスキルやノウハウを披露しよう

Attention 履歴書のように書いても響きませんよ！

- □ 起業するビジネスとの関連が読み取れるようにする
- □ 自慢できる経歴があれば積極的に書く
- □ 資格や知的財産権があれば大いにアピール

---

3 取扱商品・サービス

商品・サービスだけではなく"ビジネスモデル"を理解してもらう

Attention 小学5年生でもイメージできるようにわかりやすく！

- □「誰に何をどのように」売るのかを明確にする
- □ あなたならではの特色や強みを示す
- □ セールスポイントは客観的かつ具体的な表現で

---

4 取引先・取引関係等

見込販売先（お客様）・仕入先・外注先を決めていることをアピール

Attention 販売先がもっとも重要！

- □ B to Bのビジネスなら取引先の固有名詞を記入
- □ B to Cのビジネスならターゲットとする顧客像を明確に
- □ 仕入先・外注先は固有名詞を記入

はじめに

起業のための事業計画書のノウハウは、起業セミナーや書籍でいろいろ提供されています。インターネットを検索すると、事業計画書の書き方に関するサイトが多く存在しています。とりわけ、公的な創業融資を受けるための事業計画書については、情報が氾濫している感がありま す。

しかし、多くの起業志望者は、いざ事業計画書を書く段階になって、頭を抱えているのが実態です。さまざまな情報が出回っていても、「自分の起業の場合はどう書けばいいのだろう？」と考え込んでしまうからでしょう。

日本政策金融公庫に26年間勤務して、5000人以上の創業融資に携わってきた私からみると、**出回っている事業計画書の情報には、正しいとはいえないものもあります。**間違った知識に基づいて事業計画書をつくってしまうと、審査でNGになってしまう懸念があります。

創業融資を受けるための事業計画書は、膨大な枚数のものにしなければいけないと思い込んでいる方がいますが、実際にはそうではありません。日本政策金融公庫の事業計画書（「創業計画書」という名称）は、**A3横の用紙1枚**です。審査をパスするために大切なことは、この用紙にあなたのビジネスプランをギュッと凝縮して記載することです。融資担当者は数多くの案件を審査するので、膨大なものではなく1枚の用紙にうまくまとめてあるほうが的確かつスピーディに判断できるのです。

もちろん、審査で重視するポイントを押さえた書き方をするのが欠かせないことはいうまでもありません。そのため、融資担当者が何を見て融資の可否を判断するのか、チェックポイントを知って、それを意識した内容にすることが重要です。

本書は、公的な創業融資を受けるために有効な創業計画書の作成方法を中心に解説しています。とくに、日本政策金融公庫の創業計画書について、融資担当者に効果的に訴求するための記入方法を詳しく解説しています。さらに、融資申し込みの後に実施される融資担当者との面談に関しても、姿勢や留意点を述べています。日本政策金融公庫の内部事情をよく知っている私が書けるギリギリの内容まで踏み込んでいます。

ただし本書は、単に創業計画書の書き方や、審査をパスするための小手先のテクニックを指南するものではありません。融資を受けることが最終的な目的ではないからです。創業融資を活用する真の目的は、起業を成功させて事業を長く続けることです。本書で解説している創業計画書を作成するプロセスには、首尾よく審査をパスするだけではなく、長く繁栄する事業を構築するための準備も含まれています。

私の著書『起業は1冊のノートから始めなさい』（ダイヤモンド社）でも述べているとおり、起業して事業を長く継続できる人は、起業前の事前準備を綿密に行っています。その期間は数カ月～数年と人によってさまざまですが、事業継続に必要なスキルとノウハウを得るための準備をしています。実は、起業の事前準備をしっかりと行うことが、融資担当者を説得する創業計画書を書くコツなのです。

最近では、インターネットの普及などで起業時にあまり多くの資金を必要としなくなっていますが、ぜひ公的な創業融資を利用することをお勧めします。なぜなら、資金調達のノウハウを習得しておくことが、事業を長く続けるためには大切だからです。

日本政策金融公庫に勤めた後に起業した私自身が実感しているのは、「事業経営に安定はない」ということです。起業して軌道に乗ったと思っても、山あり谷ありで、ときには窮地に陥ることもあります。しかし、たとえ資金繰りが厳しい場面に直面しても、資金調達さえできれば事業を継続することが可能です。

資金調達のスキルは、経営者として早期に身につけておくべきです。経営者の道に踏み出すときに、創業融資を受ける経験をしておけば、資金調達のスキルを習得できるだけでなく、金融機関からの信用を得ることにもつながります。日本政策金融公庫で融資を受けると、銀行や信用金庫など民間金融機関からの融資も受けやすくなるのです。

さあ、あなたも事業計画書作成のポイントを理解して、長く繁栄する事業の経営者になってください！

事業計画書は
1枚に
まとめなさい

もくじ

第1章

発想やアイデアは不要！ 起業の事業計画書は最低限でいい

第2章

起業前に知っておきたいお金の知識

第3章

融資はどこに申し込みすればいいか

第4章

融資を受ける際のハードル「審査」について知っておこう

第5章

審査でチェックされるポイントを教えます

第6章

創業融資の事業計画書は用紙1枚でいい

第7章

「創業計画書」左側の記入方法

第8章

「創業計画書」右側の記入方法

第9章

融資面談は大切なプレゼンの場

第10章

創業融資ノウハウ集

第 1 章

発想やアイデアは不要!
起業の事業計画書は最低限でいい

事業計画書はあなたの夢を叶える魔法のツール

最近は日本でも起業を志す人が増えています。起業に関するビジネス書が多数出版され、起業セミナーや創業スクールも盛んに開催されています。そうした中で、「起業するなら事業計画書をつくることが大切」と決まり文句のように語られています。

ところが、多くの起業志望者は「事業計画書をつくりましょう」といわれても、「どうやってつくればいいのだろうか?」と頭を抱えてしまいがちです。事業計画書をつくることは、とても難しいと思っています。

事業計画書をつくるのが難しいと感じるのは、いくつかの理由があります。まず、ほとんどの人は、学校の授業の中で、事業計画書どころか起業に関することなど教わったことがありません。夏休みの行動計画や受験勉強の計画は立てたことがあっても、起業のための事業計画書となると、さっぱりイメージできないのは無理もない話でしょう。

また、起業セミナーなどで事業計画書のひな形が示されても、どんなビジネスをするのか漠然としている段階では、余計に筆が止まってしまいます。頭の中でやりたいビジネスをあれこれ想像するのは楽しいものですが、いざ文字にしようとすると、途端にハードルが高くなります。頭で考えているうちはビジネスプランがバラ色のように思えるのに、計画書に書こうとすると、さまざまな障害が見えてきて、そこで悩んでしまうこともあります。

でも、やはり起業を志すなら、事業計画書の作成は避けて通れません。会社に勤めていると、イベントやプロジェクトを実施する前に、その内容や行動計画を紙に書くよう求められることがありますね。何かを成し遂げようとすれば、事前に計画的に準備をすることが重要だからです。とくに起業は、大海原に船を出すようにリスクが高いものなので、しっかりと計画を立てておかなければ難破してしまいます。

このように説明すると、あなたは、事業計画書を書くのが義務のように思えて、ますますおっくうになるかもしれません。でも、事業計画書がもたらしてくれる〝すばらしい効果〟を理解できると、書くモチベーションが一気に高まるでしょう。

その効果とは、**あなたの夢や目標を叶えてくれる**ということです。起業を志す理由は人によって千差万別ですが、少なからず達成したい夢や目標があるからだと思います。サラリーマンのままでもそれなりに目標を立てて実現することは可能ですが、会社のルールに縛られるので、どうしても限定的です。起業は、自分が自由にビジネスを設計できるので、掲げられる夢や目標の幅が格段に広がります。起業することによって、人生の夢や目標を実現できるといっても過言ではありません。

起業する際に、頭の中でビジネスプランを考えるだけでは、あれこれと思いがめぐって、考えがまとまりません。それに、すべてを記憶しておくことは不可能です。ビジネスプランを目に見える形で計画書に落とし込むプロセスによって、ビジネスモデルの詳細や乗り越えるべき課題が明確になります。事業計画書を書くことによって、**起業してうまく軌道に乗せるための事前準備が明確になる**のです。また、事業計画書を人に見せることで、必要な資金やスタッフなど、**起業のスタートを切るための経営資源を整えることもできます**。

つまり、事業計画書は、起業実現を通じて人生を充実させることができる魔法のツールなのです。大海原を航海するときの海図のように、頼りになる存在であり、楽しい冒険旅行をするのに欠かせないものです。あなたもぜひ楽しみながら事業計画書をつくってください！

目的に応じて事業計画書は異なる

一口に事業計画書といっても、作成する目的が何かによって、内容を変える必要があります。目的を十分に考慮せずにつくってしまうと、効果がない代物になってしまうからです。

たとえば、Aさんがイタリアンレストランを開業したいと考えているとします。起業のための勉強をしようと思い、起業セミナーに参加したところ、事業計画書の講座がありました。あらかじめ決められた様式が準備されていて、それに書き込む形で自分の事業計画書をつくり上げることができました。

それでは、起業セミナーに参加してでき上がった事業計画書は、何に使うのでしょうか？

もちろん、起業セミナーですから、ビジネスプランをブラッシュアップする訓練が講座の狙いですが、事業計画書を使う目的は別にあります。多くの起業セミナーでは、みんなの前で事業計画書について発表する時間が設けられています。つまり、この場合の事業計画書の使用目的は、自分のビジネスプランを他人に評価してもらうということになります。

Aさんの事業計画書には、有名なレストランをいくつか渡り歩いて培った料理のスキルを生かすこと、食材について九州の契約農家から安く仕入れるルートを確保したこと、出店予定地の立地条件やターゲットとする顧客層などが記入してあります。また、起業にかかる資金の総額とその調達方法、開業後の収支見通しなども書いてあります。Aさんはこの事業計画書の内容を、自信をもって情熱的に語りました。

Aさんの事業計画書のプレゼンを、ほかの参加者10名と講師が聞いていました。ところがプレゼンが終わった後、参加者の一人から質問されました。

「Aさん、ところでお店では、どんな料理を出す予定ですか？」

そうです。Aさんは自分なりにしっかりとした事業計画書をつくったつもりでしたが、評価する人たちから見ると、肝心な部分が不明確だったのです。これは極端な例ですが、起業志望者がつくる事業計画書は、使用目的に対してふさわしいとはいえない内容になっていることが多いのです。当然、目的を達成できず、起業を実現できなくなってしまいかねません。

事業計画書をつくる目的は、大きく分けると**「自分のため」**と**「人に見せるため」**の2つがあります。

まず「自分のため」というのは、起業を成功させて事業を軌道に乗せるシナリオを自分用につくることです。自分だけが見るので、自分がわかりさえすれば形式も内容もお好みでOKです。ただし、起業を実現させて事業を長く続けるためには、盛り込むべき要素がいくつかあります。たとえば「ぶれない指針（理念）」「リスクの想定」「行動計画」などです。詳細については、私の著書『起業は1冊のノートから始めなさい』（ダイヤモンド社）をご参照ください。

次に、「人に見せるため」という目的では、代表的なものとして次の3つが想定されます。

（1）人に評価してもらう

人に評価してもらうケースは、起業セミナーやビジネスプランコンテストでのプレゼンなどがあります。自分のビジネスプランの実現可能性や成長性などについて、客観的に評価してもらうためのものです。

(2) パートナーやスタッフを確保する

起業する前に、必要な人材と思える人に見せて、「一緒に仕事をしたい」と思わせる内容にする必要があります。

(3) 資金を調達する

起業する際に必要となるお金を、外部から提供してもらうことが目的です。「出資」や「融資」など調達方法によって、内容や見せ方が異なります。

このように事業計画書は、作成する目的に応じて構成要素や強調するポイントを変える必要があります。とくに「人に見せる」目的の場合は、独りよがりの内容ではダメで、相手から理解、納得、共感といったものを得られるようにしなければなりません。

創業融資に絞った事業計画書をつくろう

本書で解説するのは、創業融資を受けるための事業計画書の作成方法です。さらに、首尾よく創業融資を受けて起業を実現するためのノウハウもご提供します。

私はかつて日本政策金融公庫という政府系金融機関に勤務しており、審査の仕事に携わりました。融資の申し込みをした起業志望者に、融資OKとするかNGとするかを判断する仕事です。その間、数多くの事業計画書（日本政策金融公庫では「創業計画書」といいます）に接してきました。そのうち融資OKになったものは約5000件ですが、融資がNGとなった人のものを含めると1万件以上の事業計画書を見たのです。

事業計画書の書式は、今は日本政策金融公庫のホームページからExcelのファイルでダウンロードできますが、以前は手書きが基本でした。その中身はというと、実にさまざまで、丁寧な文字で一生懸命に書いたと思われるものがある一方で、各項目に1行くらいしか書いていない雑なものがあるなど、書いた人のやる気や性格も出ていました。

後述するように、金融機関が創業融資の審査をする際は、事業計画書の出来栄えだけで決めるわけではありませんが、1つの重要な判断材料であることには違いありません。

私のもとへは、たくさんの起業志望者から事業計画書の作成方法について相談が寄せられます。相談内容の例を挙げると次のようなものです。

- 何から手をつけていいのかわかりません
- 事業計画書は何枚くらいつくればいいでしょうか?
- パワーポイントでビジュアルにつくったほうがいいですか?
- 創業動機はどのように書いたらいいですか?
- 経歴の欄は履歴書のように書けばいいでしょうか?
- 事業内容をどのように表現したらいいでしょうか?
- 起業のために必要な資金の金額がわかりません
- 運転資金はいくらくらいにしたらいいでしょうか?
- 自己資金が少ないのですが、どうしたらいいでしょうか?
- 売上の予測はどうやったらいいのでしょうか?
- 経費がどれくらいかかるのかわかりません
- 仕入先が決まっていないのはまずいでしょうか?

最近は起業志望者が増えていることもあり、事業計画書の書き方について、多くの書籍やセミナーでノウハウが提供されています。インターネットで検索すると「日本政策金融公庫の創業計画書の書き方を教えます！」といったサイトもたくさん出てきます。でも、情報が多すぎて、むしろ混乱してしまう人が大勢います。また、起業を実現したいという意欲が強く、融資で失敗したくないとの思いから悩んでしまう人もいるようです。

実際に多くの創業審査を担当した私が見ると、巷にあふれている情報は、疑問に思う内容が少なくありません。金融機関で融資を担当したことのない人が情報を提供しているので、ズレが生じるのはやむをえないことでしょう。本書では、金融機関担当者の視点を考慮して、首尾よく融資を受けるための事業計画書の作成方法について解説していきます。

創業融資を受けるための事業計画書とは

創業融資を受けたいと思う起業志望者が、事業計画書の書き方で悩む原因の1つは、「複雑なものをつくらなければいけない」と思い込んでいることです。パワーポイントを使った画像が豊富で数十ページにも及ぶものをイメージするために、途中で挫折してしまいがちです。

実は、**創業融資を受けるための事業計画書は、複雑な内容にしてはいけません。「用紙1枚」にまとめることが重要**なのです。

創業融資を取り扱っている代表的な金融機関の日本政策金融公庫では、「創業計画書」は**A3横の用紙1枚**の様式です。注釈に「所定の記載枠に記載内容がおさまらない場合は別紙（様式適宜）をご作成ください」とありますが、1枚の用紙にまとめることが基本だと認識してください。

1枚だけとなると、記入スペースがとても狭いですから、無駄なことは一切書けません。あなたが考えているビジネスの内容を、ギュッと凝縮して表現すればいいのです。ですから、パワーポイントで何十枚ものスライドをつくるのと比べると、はるかに簡単にできます。

それでは、なぜ用紙1枚にまとめるのがいいのでしょうか？

事業計画書をつくる目的の話を思い出してください。「起業のための資金調達」という目的の中にも、いろいろなものがあります。大きく分けて**「エクイティファイナンス」「デットファイナンス」「創業補助金」**の3つです。

エクイティファイナンス、つまり個人投資家やベンチャーキャピタルなどから出資を受けようとする場合は、見せる相手にビジネスプランがいかに有望で成長性があるかを理解させる必要があります。「この起業家のプランはすごい」と思わせることが重要です。今までにない斬新なビジネスプランが多いこともあり、事業計画書の量が多くなるのが普通です。「創業補助金」も、審査員に対して審査基準を意識してアピールする必要があるので、ある程度ボリュームのある内容にしなければなりません。

それに対して、金融機関から融資を受けるデットファイナンスでは、むしろ膨大な事業計画書を提出すると、担当者が嫌がります。金融機関の担当者は、数多くの融資申し込みの審査を行う必要があるので、一目瞭然で理解できるシンプルな事業計画書のほうが断然いいのです。担当者の立場では、膨大な事業計画書は、読むのに時間がかかるうえに、ポイントが絞りにくいので、むしろ粗《あら》が見えることがあります。

また、金融機関の審査のプロセスは、通常「稟議書《りんぎ》」という形で、案件が担当者から上司へ、そして最終的な決裁権者（融資の可否を決める人）まで回っていきます。用紙1枚の事業計画書はその稟議書の一部としてついていきますが、膨大な事業計画書だと書類が分厚くなるので、それを読むのが担当者に限られて決裁権者までたどり着かないこともありえます。案件が多いので、大量の書類を回すことはできないからです。

日本政策金融公庫の創業計画書には、「この書類に代えて、お客様ご自身が作成された計画書をご提出いただいても結構です」と注書きがあるので、膨大な事業計画書を提出する人がいますが、ほとんどの場合、無駄な努力だといえます（例外として「資本性ローン」を利用する場合は、エクイティファイナンスに準じた事業計画書が妥当です）。

創業融資を受けるための事業計画書は、「このビジネスプランはすごい」と思わせる必要はありません。むしろ「この人の計画はうまくいき、毎月きちんと返済してくれる」という手堅さが一目瞭然で理解できる内容を、1枚の用紙にまとめることが肝心なのです。

「創業計画書」のユニークな特徴とは

融資を受けるための事業計画書の例として、日本政策金融公庫の「創業計画書」を見てみると、次の8項目について記入する様式になっています。

1 創業の動機
2 経営者の略歴等
3 取扱商品・サービス
4 取引先・取引関係等

5　従業員

6　お借入の状況

7　必要な資金と調達方法

8　事業の見通し

この様式は、私が昭和60年に当時の国民金融公庫に入った頃から、ほとんど変わっていません。「開業計画書」だったのが「創業計画書」になったほか、細かい部分が少し変更された程度です。なんと30年以上という長期にわたって使われている様式なのです。

もし、この創業計画書の様式を使って不良債権が増えるようなことがあれば、内容を大幅に見直す必要があるでしょう。でも、まるでロングセラー商品のように長く使い続けられているということは、とくに問題が発生していないことを物語っています。つまり、日本政策金融公庫では、この様式の**創業計画書が創業融資の審査をする資料として最適だと考えられているわ**けです。

いくつか特徴的な部分があります。

一般的な事業計画書といえば、「経営理念」「事業戦略」「マーケティング計画」などが入っています。いずれも、起業志望者が「どうしようか?」と頭を抱えてしまいがちな項目です。でも、創業計画書では、「販売ターゲット・販売戦略」「競合・市場など企業を取り巻く状況」と、シンプルで比較的書きやすくなっています。

また、もっとも重要な収支見通しを記入する「事業の見通し」の欄は、とてもユニークな形式です。

収支見通しは、「1年後、2年後、3年後……」と時系列で表をつくるのが普通ですが、なぜか「創業当初」と「軌道に乗った後」という2つの列だけで構成されています。私の推測ですが、この形式になっている理由は、審査の担当者が比較的容易に予測の妥当性を検討できるからだと思います。表形式で数年後までの数字が並んでいても、書類の量が多くなるうえに、実現可能性の判断がしにくくなるという側面もあるでしょう。

ところで、創業融資を受けられるのは日本政策金融公庫だけではありません。都道府県や市区町村が実施している**「制度融資」**もあります（詳細は後述しています）。「制度融資」の場合は、各都道府県にある信用保証協会という機関の保証を受けることが融資の条件になっています。この信用保証協会にも「創業計画書」の様式があり、東京信用保証協会のホームページからダウンロードできます。東京信用保証協会の「創業計画書」の様式を見ると、内容は日本政策金融公庫のものとよく似ているシンプルなものです。用紙の枚数こそA4サイズで3枚ですが、実質的には日本政策金融公庫の1枚の用紙と変わりません。

日本政策金融公庫、信用保証協会ともに、創業計画書は非常にシンプルにできており、比較的簡単に作成できる事業計画書なのです。

7つのポイントを押さえれば、融資担当者をうならせる事業計画書ができる

創業融資を受けるための事業計画書が、とてもシンプルなものだとおわかりいただけたと思います。実際の様式を見ると、記入スペースが小さくて書ける文字数も限られています。きっと「こんな狭い様式ではビジネスプランを説明できない」と思うことでしょう。でも、首尾よく融資を受けようと思えば、この様式の中にうまく収めて表現するのが効果的です。

ただし、単純に簡略化して記入すればいいというわけではありません。融資の審査をパスして資金調達することが目的ですから、融資担当者のチェックポイントを理解してつくることが大切です。

ベンチャーキャピタルなどから出資を受けるエクイティファイナンスの場合、投資する側は、複数の起業家に投資して、そのうち1社でも大きく成長すれば、投資額の何十倍、何百倍ものリターンを得られます。投資先企業に対しては、手堅く事業をすることではなく、成長するこ

とを求めます。投資判断のチェックポイントは、起業家としての将来性や事業の成長性になります。ですから、いくつかの投資先が失敗することは想定の範囲内です。

一方、融資の場合の収益源は利息であり、大きなリターンは期待できません。万一、融資した先が倒産して返済できなくなれば、利息どころか元金も戻らないので、損失をカバーするためにほかで高額の新規融資をしなければならなくなります。たとえば、利率2・5％で500万円を融資した先が返済不能になれば、ほかで2億円の融資を実行する必要があります（500万円÷2・5％）。返済不能の融資が多くなってしまうと、カバーしきれなくなるということです。

そのため、金融機関が融資の可否を判断するポイントは、「事業がうまくいって、きちんと返済できるか」になります。必ずしも成長する必要はなく、「手堅く事業を続けていけるだろう」と思える起業家へ融資します。こうした背景を踏まえて融資担当者のチェックポイントを理解しておけば、融資を受けやすい事業計画書がつくれます。

融資担当者がチェックするポイントは、およそ次の7項目です。

（1）どんな事業をやろうとしているのか

どんな商品やサービスを誰に提供するのか、明快に記入することが大切です。

(2) この事業に関連する経験はあるか

金融機関には「経験に基づいたビジネスのほうが成功する」という考え方があるので、略歴の欄は経験がわかるように記入します。起業する事業と同じ内容の経験がないとしても、何らかの関連性がわかるように記載することが有効です。

(3) セールスポイントはあるか

「競合先と比べてどんな強みや魅力があるのか」を示す必要があります。

(4) 取引先は固めているか

販売先、仕入先、外注先などの取引先を確保しているかどうかが問われます。

(5) ほかの借入はどれくらいあるか

ほかに借入がある場合は、予想収益が返済負担（既存借入＋今回申し込みの融資）をまかなえる金額になっている必要があります。

(6) 投資計画と資金調達の内訳は妥当か

「過大投資ではないか、資金調達は実現可能か」という観点です。

(7) 収支見込みは大丈夫か

「売上や経費の見込みには根拠があるか」「返済できるだけの利益が見込めるか」という疑問に答える必要があります。

これらのチェックポイントを意識すれば、限りあるスペースでも最大限に活用できて、融資担当者を納得させる事業計画書は作成可能なのです。

事業計画書づくりはこんなに楽しい

多くの起業志望者は、融資用の事業計画書をつくることにとても戸惑います。融資を断られたくないという気持ちが強いため、「いい事業計画書をつくらなきゃ」と思えば思うほど、書けなくなってしまうようです。私は、そのような方へ「もっと楽しみながらつくりましょう」とアドバイスをしています。

最初から創業計画書の様式に書き込むのではなく、まずは**項目ごとに自由に思いつくことを書き出してみる**ことをお勧めします。たとえば、「創業の動機」であれば、「経験を生かしたい」「地元の高齢者の方へ貢献したい」「若い女性の○○のニーズに応えたい」など、たくさん出てきます。それを**付箋紙1枚に1つずつ書いて、模造紙などの大きな紙に貼りつけていきます**。「事業の見通し」の項目は、売上や経費の予測をする必要があるのでハードルが高くなりますが、この方法で検討すれば見えてくるはずです。少しずつ書き出していくと、自分の頭の中が整理されてきて、いつの間にか泉のように次から次へとアイデアが湧いてくるものです。

最終的にその中から、エッセンスとなるものを厳選して、実際の創業計画書に記入するのです。どのようにして選ぶかについては、本書で説明しているノウハウを理解すれば、資金調達のためにベストな判断をすることが可能です。

この作業を行うと、**頭でモヤモヤと考えていたことが整理されて、短時間で文字にすることができます**。また、ビジネスプランがしだいに具体的に見えてくるので、とてもワクワクしてきます。**完成した暁には、目の前がパーッと明るくなる感覚を覚える**ことでしょう。事業計画書をつくる作業を行うことによって、自分のビジネスの成功イメージが湧いてくるからです。

でき上がった事業計画書で審査にパスすれば、金融機関から見てもあなたのビジネスがうまくいくと判断されたことになるので、自信をもって事業を始められます。また、創業融資が受けられると、金融機関からの信用度が大きくアップします。起業後の資金調達もしやすくなるといえます。

事業経営の醍醐味は、「何かを求めて策を講じ、仕掛けていく」という行動を繰り返して、成果を得ることです。目論見どおりにうまくいったときは、大きな喜びと達成感を感じることができます。起業資金を調達することは、その行動の第一歩だと考えると、前向きな気持ちで取り組むことができるでしょう。

また、融資用の事業計画書をつくることには、資金を調達できるだけでなく、副次的な効果もあります。事業経営でもっとも大切な**お金に関するノウハウも得ることができる**のです。「何にいくら投資すればいいのか」「経費はどれくらいかかるか」「売上をどれくらい上げれば採算がとれるか」といったことを検討することで、実際に事業を開始した後の計数感覚を研ぎ澄ます訓練になります。経営者で数字（お金）に弱い人は、長く事業を続けることはできません。融資用の事業計画書をつくるプロセスを通じて、経営に役立つ数字を学んでおけば、経営者としての能力も高まります。

融資用の事業計画書をつくることは、ビジネスの成功を引き寄せる大きな効果があるので、ぜひ楽しみながらやっていただきたいと思います。

第 2 章

起業前に知っておきたいお金の知識

起業するなら、お金に対する考え方を変えよう

本書は、創業融資用の事業計画書の作成方法に焦点を当てていますが、最大の狙いは**起業家が融資を活用して事業を軌道に乗せること**です。うまく融資を受けることができたとしても、経営者として必要なお金の知識を備えていなければ、事業を長続きさせることができません。

会社勤めのサラリーマンから起業家に転身するときは、お金に対する考え方を大きく変えることが重要です。お金の使い方には、ざっくり分けると**「消費」「投資」「浪費」「貯蓄」**の4種類があります。**「消費」**は必要なものを購入すること、**「投資」**は収益を見込んで資金を投じること、**「浪費」**は無駄使い、**「貯蓄」**は貯めることとイメージしてください。

サラリーマンの場合は、給料としてもらったお金をできるだけ節約して使おうとしますね。「消費」は最小限に抑えて、一部は「貯蓄」します。「浪費」はしてはいけないと考えるのが普通でしょう。「投資」に関しては、株式や投資信託で運用するほか、資格取得の勉強など「自己投資」に積極的な人もいます。収入がある程度決まっているので、「投資」に回せるお金は限定的で、リスクの高いものは避けるのが普通です。

一方、経営者の場合、「消費」「浪費」「貯蓄」に関する考え方は、サラリーマンと大差はありません。しかし、「投資」に関しては、戦略的かつ大胆に実施できることが求められます。そういう経営者こそが事業をうまく続けていけるのです。

そもそも経営者になれば、収入が不安定になります。事業としての売上は安定せず、波があるのが当然だと認識してください。起業後に「ようやく軌道に乗った」と安心しても、数年が経過して起業当初よりも売上が減って窮地に陥ることはざらにあります。

事業活動では、安定しない売上の中から、いかにお金を使うかが重要課題になります。安定しないからといって「できるだけお金を使わない」と考えてばかりいると、ますます売上が低迷します。リターンを狙う「投資」をすることがとても大切です。

事業活動における「投資」には、次に例示するようにさまざまなものがあります。

【事業活動における投資の例】

- 新しい店舗を出店するための物件取得費
- 生産性を上げるための機械設備の購入費
- 新製品を開発するための研究開発費
- 営業担当者を雇用するための人件費

・商品を仕入れるための費用（原価）
・商品やサービスを周知させるための広告宣伝費

ただし、これらは期待したリターンが必ず得られるわけではありません。たとえば広告宣伝費をかけても、売上につながらないことが多いです。でも、ほとんどの事業では、広告宣伝なしで十分な売上を上げることは不可能です。いかにして事業内容に適した媒体を選び、うまく投資していくかが成否を分けるカギとなります。

それをしくじると、事業経営においては、「投資」したつもりが、結果的に「浪費」になってしまいかねないのです。だからといって、お金を節約することだけを考えていては、じり貧になり、いつかバタッと倒れてしまいます。リスクをとって「投資」をしていく姿勢がどうしても必要です。

みんなどうしているの？　起業のときのお金の問題

「ほかの人はお金の調達をどうしているのですか？」

図表1　**起業形態別の資金調達先（複数回答）**

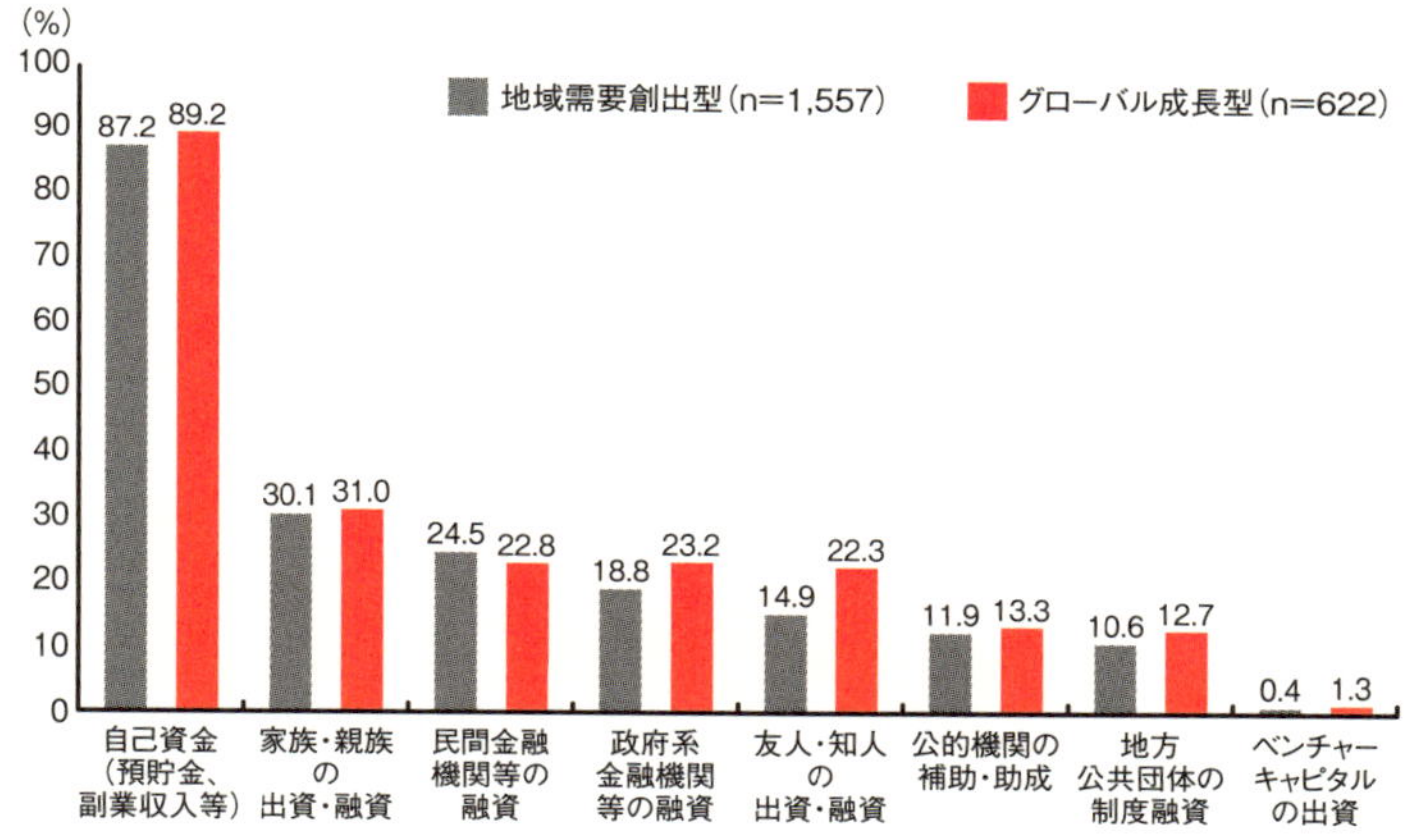

出所：中小企業白書（2013年版）

起業志望者からよく投げかけられる質問です。とりわけ私がよく相談を受ける20～30代の人は、「起業したいのに資金が足りない」状態の人がほとんどです。「なんとかうまく資金調達をしたい」という強い願望から、「ほかの人は一体どうやっている？　何かいい方法があるのではないか」と思うのでしょう。

『中小企業白書（２０１４年版）』では、「起業家が起業を断念しそうになった際に直面した課題」という調査結果があり、約16％の起業家が「資金調達」と答えています。また、同じく『中小企業白書（２０１３年版）』には、「起業萌芽期（起業準備に着手したときから立ち上げてまだ売上がない時期まで）における資金調達先」（図表１）というものがあります。

この資料では、資金調達先として「自己資金」

を挙げた人が90％近くに上っています。次に多いのが「家族・親族の出資・融資」で約30％、「民間金融機関の融資」が約25％、「政府系金融機関の融資」が約20％と続いています。複数回答なので、「自己資金」だけの人もいれば「自己資金」＋「融資」もありえます。ひとついえることは、「自己資金」が中心になっていて、金融機関からの融資を利用している人は比較的少ないということです。

平均値的なデータでは以上のような結果ですが、実際には起業家の資金調達は千差万別です。自己資金だけで起業する人もいれば、かなりの金額を融資に頼る人もいます。そもそも、起業するビジネスの内容によって、初期投資の金額には大きな差があります。また、自己資金が十分あっても、あえて借入を利用するなど、起業家の考え方によっても資金調達の方針が異なってきます。

大切なのは、他人のことは気にせず、「自分自身の起業にとってどのような資金調達方法がベストなのか」「足りなければどうすればいいか」を考えて実行することです。自己資金が潤沢にある人は少数派ですから、外から調達する方法を模索することが起業を実現させるための第一歩になります。「自己資金が貯まったら起業しよう」と考える人もいますが、外部から資金調達をしなければ、起業の絶好のタイミングを逃すことになりかねません。

ところで、起業時の主な資金調達方法としては、「自己資金」「出資を受ける」「融資を受ける」の3つがあります。最近では、そのほかにも「創業補助金」「クラウドファンディング」といった方法も活用されています。

インターネットの普及などで起業時の必要資金が少なくなったために、「自己資金」だけで起業する人も増えているようです。しかし、多くの事業では相応の資金が必要になるので、「自己資金」だけでは足りず、外部から資金を調達する必要があります。

外部資金のうち「出資を受ける」という方法で多いのが、親や親族からの支援です。たとえば父親から「お前が起業するなら出してやる。出世払いでいいぞ」と数百万円を出資してもらうようなケースです。最近では、友人同士が何名かで出資し合って会社を設立するパターンも増えつつあります。

また、ベンチャーキャピタル（ＶＣ）や個人投資家（エンジェル）からの出資も活発化しているようです。ただし、ＶＣやエンジェルが投資するのは、市場性や成長性に大きな期待ができるなど、ごく一部の起業家に限られているのが実態です。

そこで、大多数の起業家にお勧めなのが**「融資を受ける」**という方法です。とくに、公的な「創業融資」をうまく活用することが、起業を実現するための近道だといえます。

借入をすることはよくないことなのか？

「借金は怖いから絶対にしてはいけない」と、借入をすることに関してとてもネガティブな考え方をしている人は多いものです。

企業が倒産したときに、よく「借入過多で行き詰まった」というような新聞記事が出るので、起業時には借金をしないほうがいいという考えになりがちです。また、企業経営を理解していない人は、「借入は赤字のときに必要になる」という先入観を持っていることもあります。私が政府系金融機関に勤務していたとき、あるメーカーに勤めていた友人に「最近、融資の申し込みが増えて忙しいよ」と話したところ、彼は「赤字の会社が多いんだね」といったものです。

すでに起業を考えているあなたならおわかりだと思いますが、企業が借入するのは、赤字の補てんが目的であることは少なく、むしろ**新たな設備投資など積極的な事業展開のため**にすることのほうが多いのです。金融機関は、赤字補てんが目的だと、なかなか貸してくれませんが、利益が出ている状態での事業拡大目的であれば、「どうぞ、当行の融資をご活用ください」と営業してきます。

中小企業が借入をすることは、事業を活発化させるために有益なのです。国の中小企業のための施策において、公的な融資制度が拡充されているのもそういった認識が背景にあります。

とはいえ、借入するのはいいことばかりではないのも事実です。サラリーマンを辞めて起業する人の中には、創業融資を住宅ローンと同じような感覚で気軽に利用しようとする人がいますが、事業を軌道に乗せられなければ返済負担が重くのしかかってくることを認識しておく必要があります。

大切なことは、**借入のメリットとデメリットをよく理解して、適正かつ効果的に活用すること**です。そこで、起業家が借入することのメリットとデメリットを考えてみましょう。

【借入のデメリット】
・元金や利息の返済負担がある
・借入先によっては高金利などで経営を圧迫する
・万一、返済が滞ると、厳しい督促を受けたり、財産を差し押さえられたりする
・借入している先に負い目を感じる
・「借金がある」ということで不安を感じる
・借入することを軽く考えすぎると、依存度が強まる

【借入のメリット】

- 事業活動の血液であるお金に余裕が生まれる
- 資金繰りが緩和されることで積極的な事業展開ができる
- 事業を伸ばすための投資ができる
- 投資額が大きくなって成長スピードを加速できる
- 「借金を負っている」という意識から尻に火がつき、頑張る意識が高まる
- 金融機関から借入できて期日どおりに返済していれば、金融面の信用が高まる

借入することのデメリットは、信頼できる先（銀行や政府系金融機関など）から借り入れて、適正水準の金額に留めることで解消できます。

借入が過多となって企業が倒産するのは、利益が出なくなったり、資金繰りが悪化したりして、返済ができなくなるからです。利益やキャッシュフローを十分に生み出す経営ができれば、借入は怖いものではなく、むしろ多くのメリットを享受できるのです。

自己資金だけの起業はとてもリスキー

「自己資金だけで起業するのが理想だ」と考えている人は多いようです。

お金の面で誰にも頼らず自分の力で起業すれば、返済負担がないし、他人に迷惑をかけることもないと思うのでしょう。でも実は、自己資金だけで起業することはとてもリスクが高いことなのです。むしろ、起業時に積極的に外部資金、とりわけ創業融資を活用するほうが賢明です。

私が「起業時に外部資金、とくに創業融資を利用したほうがいいですよ」と説明するのには、3つの理由があります。

1　起業後しばらくはお金が猛スピードで減っていく

スタート時はお金が足りていても、起業した後は驚くほど減っていきます。起業前に見積もった初期投資や経費が、始めてみたら予想以上にかかることがあります。また、起業した直後は十分な売上が上がらず、しばらくは赤字が続きます。起業時から黒字スタートという人は、

1割もいないと断言しておきます。

さらに、早期に黒字化しても、売上のお金が実際に振り込まれるまでに日数がかかり、その間、先に経費が出ていくので、キャッシュが恐ろしい速度で減っていくのです。「これはいけない」と思って慌てて資金調達を考えても、その状態で資金提供者や融資先を見出すのは容易ではありません。

たとえ、自己資金が潤沢でも油断できません。大企業を退職して退職金をもらい、資金的に余裕をもって起業した人が、1年もしないうちに廃業したということは珍しくないのです。また、「そんなに儲けなくても食えさえすればいい」という人もいますが、お金をかけずに続けていくのには限界があり、食えるどころか、お金が足りなくなって、ある日バタッと倒れてしまうのがオチです。

ですから、起業時は外部資金を調達して、十分なキャッシュを確保したうえでスタートしたほうがいいのです。自己資金は、いざというときの資金としてとっておくのが安全です。

2　起業時がもっとも融資を受けやすい

「万一、お金が足りなくなったら、融資の申し込みをしよう」と考える人がいますが、起業した後だと、金融機関はその業績を重視します。赤字や資金繰りが厳しい状況であれば、なかなか融資してくれません。起業する前であれば、収支の予測の妥当性を判断して融資しますから、実際の業績数値が出た後よりもはるかに融資が受けやすいのです。

3 資金調達のノウハウを早く習得することに意義がある

融資を受けることは、重要な経営ノウハウの1つです。事業を継続していると、まとまった資金が必要になる場面に必ず遭遇します。そのときに資金を調達しようと思っても、ノウハウがなければうまくいきません。

起業時に創業融資を受ける経験をしておけば、融資を受けるために必要な手続きや金融機関との付き合い方も理解できるので、その後に資金調達が必要な場面に遭遇してもスムーズに行うことが可能になります。

以上のような理由から、自己資金だけで起業するのではなく、創業融資を活用することをお勧めします。

借入した起業家の事業は長く続いている

本やインターネットでは、「起業しても3年以内に半分以上が廃業に追い込まれる」といったショッキングな記事がまことしやかに書かれていることがあります。

起業後の存続率についてはあまり正確なデータがないのですが、起業後3年以内に半分まではいかないにしても、3〜4割くらいは廃業しているというのが私の肌感覚です。

ところが、ひとつ興味深いデータがあります。日本政策金融公庫の「新規開業パネル調査」（2011年10月）というものです。この調査は、2006年に開業した日本政策金融公庫の取引先、つまり創業融資を受けた企業に対し、5年間にわたってアンケートを依頼して存続状況などを調査したものです。データはやや古いですが、今でも示唆に富む内容です。

同調査によると、開業して5年後に存続している企業が83・3%あるという結果になっています。ただし、回答している企業の割合が年々減っているので、廃業率はもう少し高い可能性があります。とはいえ、起業して5年経過しても8割以上の企業が残っているのです。

図表2 存続廃業状況（2010年末）

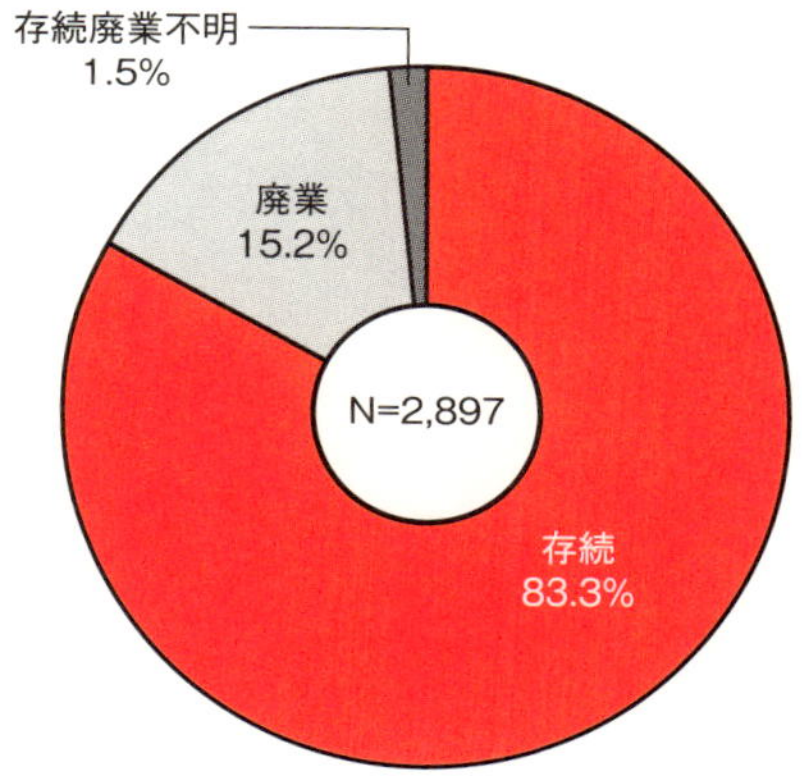

出所:日本政策金融公庫「新規開業パネル調査」

調査対象は、日本政策金融公庫から創業融資を受けている起業して間もない企業です。つまり、日本政策金融公庫から融資を受けた起業家は、事業が長く続いている割合が高いといえます。一般的な起業家の存続率と比べると、はるかに高いのです。

これはなぜでしょうか?

1つには、起業時に融資を活用して、ある程度資金に余裕をもってスタートしたからでしょう。同調査では、起業した2006年には約4割の企業が赤字基調だったという結果が出ています。赤字であっても資金のバッファーを持っていたからこそ耐えることができたわけです。

もう1つの理由としては、日本政策金融公庫の創業融資の審査をパスしたということです。アンケート対象の起業家たちは、融資を受けるための事業計画書を作成して、日本政策金融公庫へ説明しました。「融資が通りやすい事業計画書をつくる」というプロセスを経るうちに、自らのビジネスプランをブラッシュアップすることができ、事業の耐久力を養うことができたものと推測されます。

さらに、日本政策金融公庫が「この起業家なら融資しても事業を長く続けられ、きちんと返済してくれる」と判断して融資を実行したわけです。融資をする立場の日本政策金融公庫からみると、融資先企業が長く続くのは当然のことです。多くの起業家が短期間に廃業して返済ができなくなると大問題ですから。

極論かもしれませんが、起業して事業を長く続けたければ、日本政策金融公庫の創業融資を受けるのが有効だともいえます。

創業融資を受けるために事業計画書を金融機関に見せれば、事業の成否について金融機関目線で客観的に評価してくれることになります。ビジネスプランを他者に評価してもらうことなく、独りよがりの判断だけで起業を決行してしまうと、多くの場合、うまくいかないものです。誰に評価してもらうかが問題ですが、日本政策金融公庫に評価してもらうことはとても意義があることです。万一、融資を申し込みしてＮＧになったら、ビジネスプランについて今一度再考するほうがいいといえます。

資金調達のノウハウを早く身につけよう

事業活動において、資金調達は重要課題の1つです。起業するときだけではなく、資金繰りがタイトになったとき、新たな設備投資が必要なときなど、お金が足りなくなる場面に直面します。そのときに首尾よく調達できれば、企業は存続できて利益も増えていきますが、調達できなければ、最悪の場合、倒産してしまいます。

「借入さえなければ倒産しない」と思っている人もいますが、そんなことはありません。事業活動をすれば、必ず「負債」が発生します。たとえば、商品仕入の「買掛金」、家賃や人件費など経費に関する「未払金」が該当します。つまり、金融機関からの借入金がなくても、支払い義務のある負債は発生するのです。

お金が足りなくなると、支払うべき給料や電気代などが滞ってしまうので、事業活動が続けられなくなります。そうした支払いのための資金が不足するときに、資金を外部から調達して補てんすることで事業が存続できます。

資金調達の方法はいくつかありますが、中小企業は金融機関の融資を受けることがもっとも有効な手段です。でも、金融機関から融資を受けることは簡単ではありません。融資を受けるには、そのためのノウハウが必要なのです。

それでは、融資を受けるノウハウとはどんな内容でしょうか。実はとても多岐にわたります。

1 どこの金融機関へどうやって相談したらいいか
2 融資を申し込みして審査に通りやすくする方法
3 金融機関からどんな資料を求められるのか
4 企業のステージ（起業してからの業歴）別で留意する点
5 資金の使い道（資金使途）をどのように説明するか
6 業種業態によって留意すべきポイント
7 どのタイミングで融資の申し込みをすべきか
8 融資の利率や返済期間など条件提示がなされたときの判断基準
9 金融機関の担当者との付き合い方
10 金融機関から「融資はいかがですか？」とセールスされたら、どうするか

以上のようなノウハウをよく知っている経営者は、少々資金繰りが厳しくなっても融資で補

えるので、事業を長く存続させることができます。あるいは、新規の事業を始めるときの資金を調達できるので、ますます収益を増やすことが可能になります。

起業するなら、首尾よく融資を受けるためのノウハウを一刻も早く身につけるべきです。そのためにも、自己資金で起業できる場合でも、公的な創業融資を利用しておくのが有意義です。もちろん、起業当初に融資を受けただけではすべてのノウハウを習得するのは無理ですが、経験することで学習効果が得られ、その後の資金調達が飛躍的にやりやすくなります。

また金融機関は、創業後、数年以上経過していて、まったく金融機関から融資を受けたことがない企業だと、とても警戒して簡単には融資してくれません。「何か問題があって、どこも貸してくれない企業なのではないか」などと疑うからです。創業前か創業して早い段階に融資を受けていて、きちんと返済している実績があれば、ほかの金融機関からも信用されるようになるものです。

第 3 章

融資はどこに申し込みすればいいか

国の金融機関である「日本政策金融公庫」

創業融資に積極的な金融機関として、もっともポピュラーなのが日本政策金融公庫です。日本政策金融公庫は、もともと複数あった政府系金融機関が2008年に統合して発足しました。組織形態としては株式会社ですが、株式は政府が全額保有しており、株式会社日本政策金融公庫法という法律に基づいて運営されているので、**「政府系金融機関」**と呼ばれています。

日本政策金融公庫には、小規模企業への融資など民間金融機関が避けてしまう分野を補完する使命があります。とりわけ、これから事業を始める人のための融資、つまり創業融資は、民間の金融機関ではなかなか取り扱いにくい分野です。起業してもうまくいくとは限らず、リスクが高すぎるからです。

日本政策金融公庫は、これから起業する人へ積極的に融資をしてくれる金融機関です。とくに近年は創業企業（創業前および創業後1年以内）への融資実績が、2011年度が1万6465企業、2012年度が1万9469企業、2013年度は2万2800企業、2014年度は2万6010企業と年々増えています。この背景には、起業家が増加したことに加えて、日本政策金融公庫の創業融資の知名度が高まってきたことがあります。

日本政策金融公庫から創業融資を受けることには、次のようなメリットがあります。

1　無担保・無保証人で利用できる

「新創業融資」という融資があり、これは担保も保証人も出さなくていいというものです。後述する「制度融資」の場合は、信用保証協会の保証が条件になりますが、新創業融資はそれも不要で、起業家の信用だけで融資をしてくれます。

2　利率が比較的低く固定である

融資の利率は、新創業融資が年利2・5％程度と低く設定されています。また、一部の制度では1％台で利用できるものもあります。たとえば、500万円を年利2・5％で借入すると、最初の1年間の利息は約12万5000円、つまり月に1万円程度です（正確には元金の残高が減るにつれて利息が少なくなるので、もっと少額です）。

また、利率が変動ではなく固定であることもメリットです。変動金利であれば、金利上昇局面になると、利息額が増えるリスクがありますが、固定金利だと、ゆるやかに減少していくので安心です。

3　返済は長期分割で可能

借入の返済は、長期で分割払いになります。融資制度の中には、「女性・若者・シニア起業家資金」など、20年までOKというものもあります。また、融資を受けてしばらくの間は利息だけの支払いにする「元金据置」も、希望すれば利用できる場合があります。

ただし、通常は5年間程度の返済期間に設定されるケースがほとんどです。たとえば500万円を借入して5年払いだと、毎月の返済元金は8万5000円ほどになります。これに利息が1万円ほど加わりますから、毎月9万5000円ほどの支払いになるわけです。

4　申し込みをしてから融資金が出るまでの期間が比較的短い

融資の申し込みをしてから実際にお金が出るまでの期間は、およそ3週間から1カ月です。最近は「申し込みして即日融資」というカードローンなどがあるので長いように思われるかもしれませんが、「制度融資」と比べると、かなりスピーディです。

5　民間金融機関からの融資を受けやすくなる「呼び水効果」がある

これはあまり知られていませんが、日本政策金融公庫から創業融資を受けてきちんと返済していれば、銀行や信用金庫など民間金融機関からの融資も受けやすくなります。日本政策金融公庫の審査をパスしたということで、信用が高まるからです。

地方自治体による「制度融資」

日本政策金融公庫以外で起業家が利用しやすい融資に、都道府県や市区町村など地方自治体の**「制度融資」**があります。

「制度融資」は、各自治体が中小企業や起業家を支援する政策目的で実施しているもので、自治体によって融資の条件や利率などが異なっています。その内容を確認するには、インターネットで「○○県　創業融資」などと検索してみましょう。

「制度融資」は、各自治体の役所などが窓口となっていますが、実際に融資のお金を出してくれるのは、自治体ではなく、銀行や信用金庫などの金融機関です。また、**「信用保証協会」**という機関の保証を受けることが条件になっているのが特徴です。つまり、**自治体に加えて、民間金融機関と信用保証協会の三者が協力して実施する公的融資制度**です。

民間金融機関は、起業家へ融資するのに保証人なしではリスクが高いので、信用保証協会という公的機関の保証を条件としているのです。信用保証協会とは、万一、起業家が返済できなくなったときに、本人に代わって保証人として金融機関へ返済（代位弁済といいます）してくれるという公的な機関です。信用保証協会へは、**融資実行時に「保証料」を支払う**ことになります。

「制度融資」は、次のようなメリットがあります。

1　日本政策金融公庫よりも利率が低い制度が多い

融資の利率は、１％台のものが多く、日本政策金融公庫の創業融資よりも低いことが多いです。ただし、信用保証協会の保証料もかかりますから、それも勘案して比較する必要があります。

2　自治体によっては優遇措置がある

たとえば融資の利率は１・５％であっても、区（市町村）が利息の一部を負担してくれることで、実質利率が０・３％になるなどの優遇措置があります。信用保証協会の保証料についても、一部を補助してくれるなど、自治体によっては手厚く優遇してくれます。

3　信用保証協会の信用が得られる

「制度融資」を利用してきちんと返済すれば、信用保証協会の利用実績になります。その後、事業を継続していくうちに追加の資金調達が必要になったとき、すでに実績があるので、信用保証協会の保証を受けて民間金融機関から融資を受けやすくなります。

ただし「制度融資」は日本政策金融公庫と比べて、次のようなデメリットもあります。

1　自己資金の条件が厳しい

日本政策金融公庫の無担保・無保証人の「新創業融資」では、「総投資額の10分の1以上の自己資金があること」を要件にしています。しかし、「制度融資」の多くは、自己資金の3倍くらいまでが限度になっているのが実態です。

2　審査の関門が多い

審査をパスするためには、自治体、民間金融機関、信用保証協会という3つの関門をくぐり抜ける必要があります。とくに信用保証協会の審査をパスするのが最大の課題です。

3　申し込みをしてから融資実行までに時間がかかる

融資を申し込みしてからお金が出るまでの期間は、役所、金融機関、信用保証協会の3つが関係するため、2カ月程度になるケースが多く、日本政策金融公庫よりも時間がかかると考えてください。

信用保証協会とはどんな組織か

「制度融資」で登場した信用保証協会について、組織の特徴やその活用方法をご説明します。**信用保証協会**は「信用保証協会法」という法律に基づいて設立・運営されている公的な機関です。47都道府県と4市（横浜、川崎、名古屋、岐阜）に設置されています。信用力に乏しい中小企業や起業家が、民間金融機関から融資を受けたいときに、**「信用保証」**をしてくれます。つまり、**保証人になってくれる**のです。

利用する中小企業や起業家は、保証人になってもらう対価として、保証料を支払う必要があります。保証料は、融資実行時に一括して支払うのが原則ですが、分割払いを希望すれば認められることもあります。

保証人なので、万一、金融機関への返済ができなくなった場合には、信用保証協会が本人に代わって金融機関へ支払う（代位弁済）ことになります。だからといって、起業家の返済義務がなくなるわけではなく、その後は信用保証協会へ「求償債務」という負債を負うことになります。そうなると、起業家は金融面の信用を大きく損なうことになってしまいます。

そんなことを聞くと、信用保証協会の利用をネガティブに考えてしまうかもしれませんが、むしろ積極的に活用すべきです。起業時に「制度融資」を利用すれば、信用保証協会の保証を受けたという実績になります。中小企業が、信用保証協会の保証なしで資金調達をするのは容易ではありません。そのため、起業後の円滑な資金調達に向けて、早めに信用保証協会の保証を受けて信用を築くことが有効です。

信用保証協会の保証制度を利用する場合に、意識していただきたいことが2つあります。

1つは、企業規模が小さいうちは、**民間金融機関から資金調達する際に、信用保証協会の信用状況が大きく影響する**ということです。たとえば、すでにAという銀行から信用保証協会付きで融資を受けている企業が、別途Bという銀行に融資を相談した場合、信用保証協会が追加で保証してくれるかどうかが融資可否のポイントになるのです。

1企業に対する信用保証協会の保証総額（複数の金融機関分を合計したもの）を**「信用保証協会の枠」**と表現することがあります。一般に、企業が成長すればするほど、資金の必要調達金額も増えます。円滑な資金調達のためには、信用保証協会が枠を拡大してくれるように企業の信用力を高めていくことが大切です。

もう1つ意識すべきことは、**信用保証協会は地域に密着している**ということです。日本政策金融公庫も地域密着といえますが、全国組織なので職員は県を越えた転勤があり、数年でその地域を離れます。それに対して、信用保証協会は各都道府県または市でそれぞれ独立した組織なので、職員の異動は基本的に県内です。公庫よりも地域密着で仕事をしています。

信用保証協会は、地域内では相当な情報通だといえるのです。したがって、信用保証協会の制度を利用する中小企業は、「自社の地域内における評判」にも十分配慮して事業活動を行うことが重要です。

というと、怖い組織のように思うかもしれませんが、そんなことはありません。うまく付き合っていけば、とても頼りになる存在になってくれます。ところが、経営者が信用保証協会の職員と直接面談する機会はそう多くありません。

起業時に「制度融資」を利用するときには、信用保証協会の職員に直接会って話をするケースが多いのですが、その後、信用保証協会付きの融資を受けるときは、金融機関が信用保証協会と交渉することが多いので、直接会う機会は少なくなります。そのため、**取引している金融機関に信用を築いていくことが、信用保証協会への信用力アップにつながります**。

敷居が高い金融機関にも攻略法がある

多くの起業家や経営者は、金融機関のことを敷居が高いところだと感じています。

預金口座をつくる目的であれば、なんのことはないものの、お金を借りに行くとなると、「どうやって切り出したらいいのだろうか？　自分の話をちゃんと聞いてくれるだろうか？」と疑問と不安がよぎるのです。「金融機関はお金を貸す強い立場で、自分はお金を借りる弱い立場」という意識を持つために、なんとなく引け目を感じてしまうようです。

そこで、敷居が高い印象がある金融機関をうまく攻略する方法を3点ほどお伝えします。

まず、**金融機関の担当者と、融資を希望する起業家の関係を正しく認識して、気後れしないこと**です。

金融機関の窓口に座っている女性の担当者は笑顔を絶やさない親切丁寧な人が多いですが、融資担当者と称する人が出てくると、強面《こわもて》に見えてしまうものです。

融資担当者と初対面で話すと、なんとなく「上から目線」に感じてしまうのは無理もないことです。20年以上金融機関に勤めていた私ですら、そう感じることがあります。でも、気にする必要はありません。彼らは、窓口の担当者と違って、お客様に笑顔で接する訓練が足りていないだけのことです。

金融機関は融資をするのが仕事であり、融資を希望する人はお客様ですから、気後れする必要はありません。だからといって、「俺は客だ」という態度をとると、融資をする立場からは「嫌な客だ」と思われて逆効果です。

日本政策金融公庫や信用保証協会は公的機関であり、国民のために設立されています。民間の金融機関も、地域の個人や企業に役立つことが求められます。つまり、お金を貸す金融機関と借りる起業家は、どちらが上とか下ではなく**対等な立場**だと理解してください。

金融機関から首尾よく融資を受けるためには、自分のことをしっかりと説明して理解してもらうことが重要です。気後れすることなく、堂々と接しましょう。

金融機関攻略法の2つ目は、その**金融機関とパイプがある人に紹介してもらうこと**です。

いきなり融資相談の窓口に行って「融資を受けたい」といっても、担当者の反応は、ほとんどの場合「融資を受けるのは簡単ではないですよ」というニュアンスになります。なぜかというと、担当者は「どこの馬の骨かわからない人に対して、安易にいい返事はしてはいけない」と考えるからです。

でも、金融機関にパイプがある人の紹介を受けてから相談に行くと、担当者の反応は大きく違ってきます。もっとも最初から「必ず融資します」という反応にはなりませんが、いきなり窓口へ相談に行くのに比べると、はるかに親切丁寧に対応してくれます。

ここでいう「金融機関にパイプのある人」とは、たとえば税理士や中小企業診断士など公的資格があって担当者と信頼関係を構築している人や、金融機関の信用が厚い企業の経営者などです。でも、そのような人たちへ「私のことを紹介してください」と頼んでも、すぐには引き受けてくれないでしょう。まず一定期間をかけて、自分のことを信用してもらう努力が欠かせません。

金融機関攻略法の３つ目は、**融資担当者と親しくなること**です。そのきっかけづくりの方法を例示すると、次のようなものがあります。

- **金融機関が主催するセミナーへ参加して担当者に挨拶する**
- **毎月、少額でも積立預金をして、担当者と接触する機会を増やす**
- **商工会議所や商工会へ起業相談に行く**
- **商工会議所や商工会のイベントに参加し、金融機関担当者がいたら話しかける**
- **起業に関するイベントに参加して、ブース出展している金融機関担当者に挨拶する**
- **勉強会や趣味のサークルなどで金融機関担当者と知り合う**

いずれも、融資を依頼する金融機関の担当者に出会えることは少ないかもしれませんが、紹介してもらえる可能性が出てきます。ただし、最初から「融資をお願いしたい」一辺倒のアプローチでは嫌われるのはいうまでもありません。相手に徐々に信頼してもらえるように、人間関係を構築していくことが重要です。

融資を受けるための手続きと流れ

ここでは、創業融資を受けるための手続きと流れについて、概略をご説明します。

創業融資を利用する方法は、基本的には3つの選択肢しかないのが実態です。政府系金融機関である日本政策金融公庫と、都道府県や市区町村が窓口の「制度融資」、それに加えて、信用保証協会の保証付きで銀行や信用金庫から融資を受ける方法です。

最近は、3つ目の方法を希望して銀行へ相談しても「市の融資にするほうがいいので、市役所に相談してください」といわれることが多いようです。つまり現状では、創業融資を受けようと思えば、日本政策金融公庫か制度融資のいずれかを選択するのが現実的ということです。

図表3 **日本政策金融公庫の融資手続きの流れ**

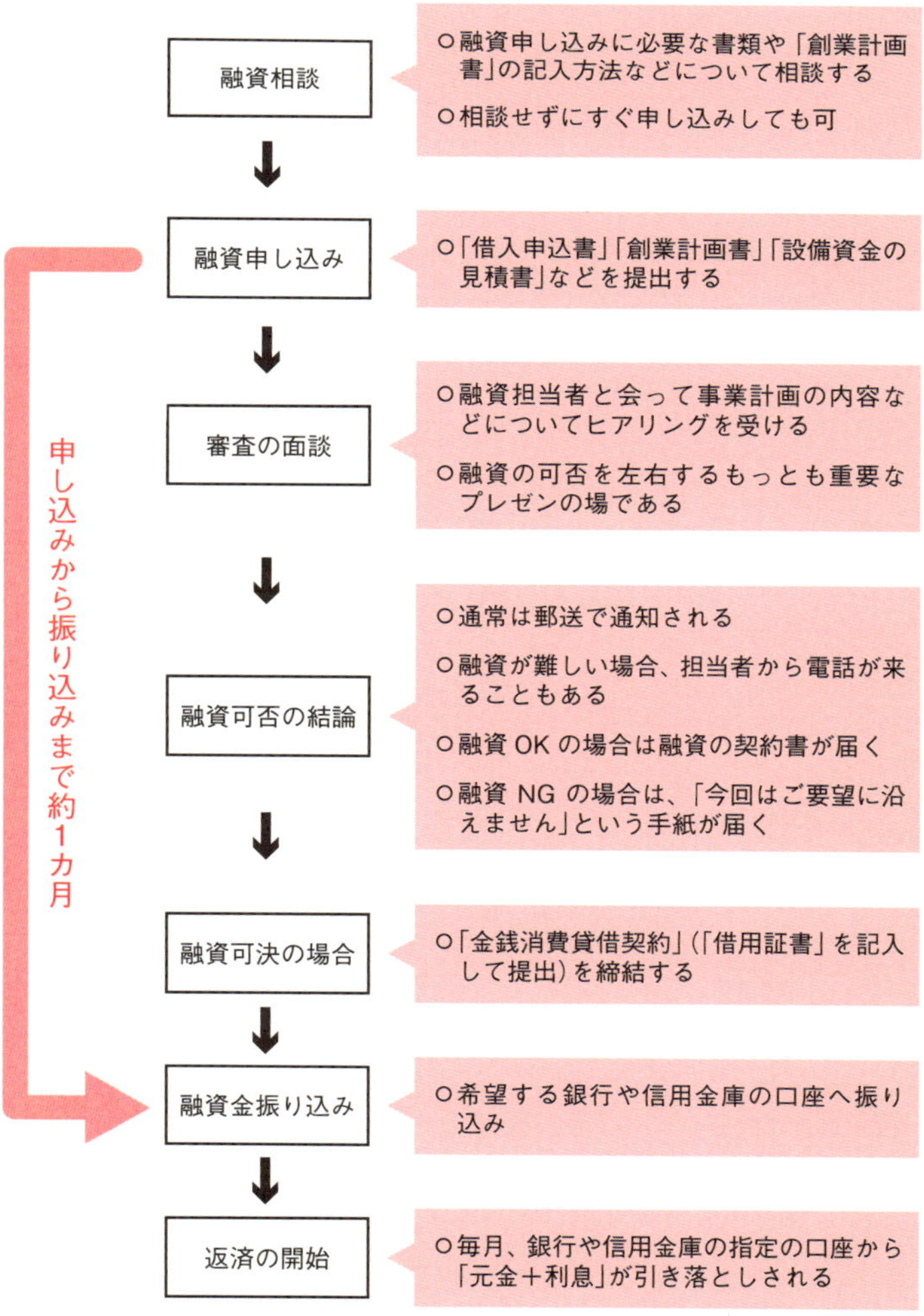

まずは、日本政策金融公庫の手続きについてご説明します。

基本的には、**融資相談→融資申し込み→担当者と面談（ヒアリング）→融資可否の結論が出る→融資可であれば契約手続き→融資金の振り込み→返済の開始**という流れになります。融資申し込みから融資金が出るまでの期間は、ケースバイケースですが、平均すると1カ月間ほどです。

融資の流れを図示すると、前ページ図のようになります。

次に、「制度融資」の手続きの流れを説明します。

「制度融資」は、都道府県や市区町村が窓口になって申し込みを受け付けて、銀行や信用金庫が融資をするものですが、必ず信用保証協会の保証を受けることが条件となっています。したがって、融資を希望する起業家は、役所・金融機関・信用保証協会の3者の審査を受けることになります。

手続きは、役所によって微妙に異なりますが、**役所への申し込み→斡旋《あっせん》書の交付→金融機関へ申し込み→金融機関の審査→信用保証協会の審査→融資可否の結論が出る→融資可であれば契約手続き→融資金の振り込み→返済の開始**という流れが一般的です。

前述の日本政策金融公庫と比べて、関係する機関が3者にわたるので、手続きが煩雑になります。申し込みしてから融資金が振り込まれるまでの期間も、2カ月程度かかることが多いよ

図表4　制度融資の手続きの流れ

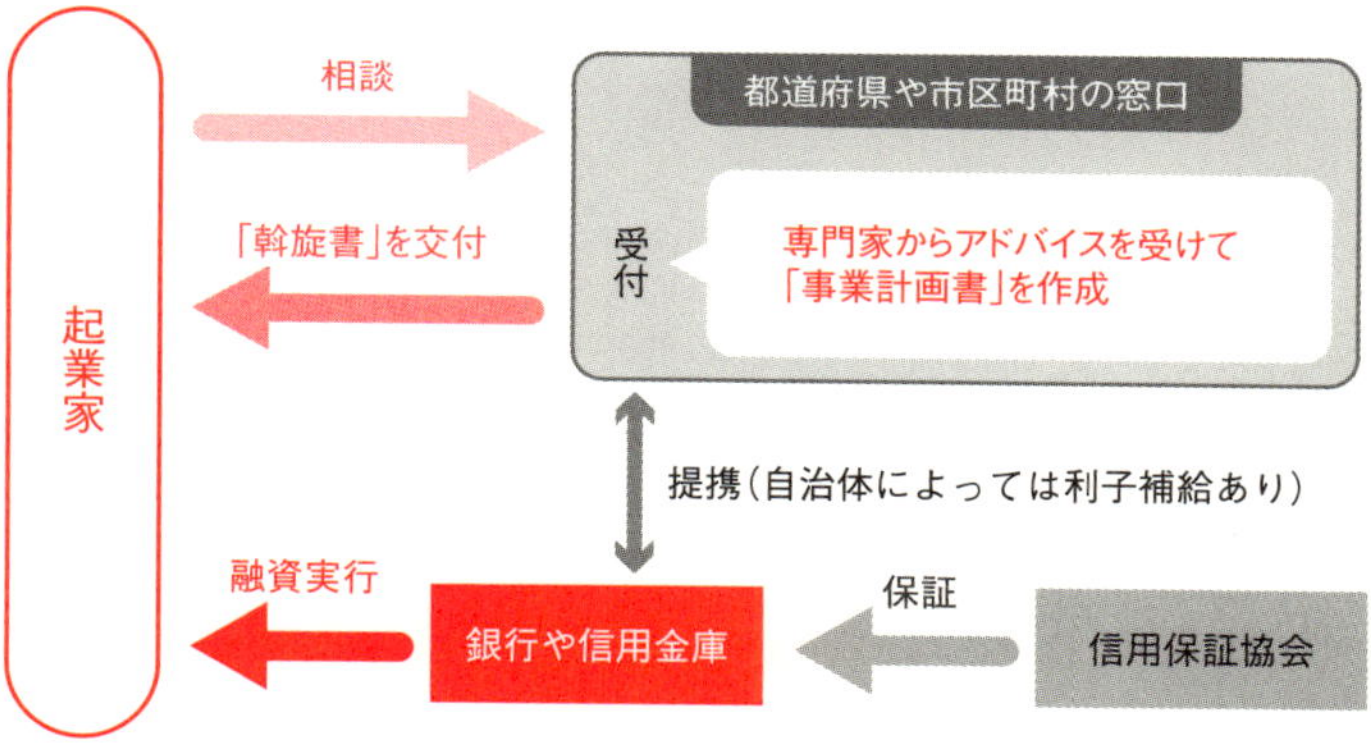

（注）自治体によって異なります

うです。

ここで、「日本政策金融公庫と制度融資のどちらを利用すべきか？」「両方を併用できるか？」という疑問が出てくると思います。

どちらを利用したほうがいいかという点については、一概にはいえませんが、融資が出るまでの期間、利率の高低などの要素を比較して決めることをお勧めします。融資が出るまでの期間は、日本政策金融公庫のほうが早いのが普通です。利率に関しては、制度融資の中に、利子や信用保証協会の保証料の一部を自治体が補給してくれるところがあるので、日本政策金融公庫よりも低利率で利用できる場合があります。そのあたりを比較して判断することをお勧めします。

審査の面では、「制度融資でNGだったけれど、日本政策金融公庫ではOKだった」というケースもあれば、その逆もあります。**いずれかを申し込みしてNGとなったとしても、もう一方へトライすることが可能なのです。**

また、「両方を併用できるか」という点については、できないとはいい切れませんが、基本的にはやめたほうがいいというのが私の回答です。

現実としては、公庫と制度融資は直接情報のやりとりをしていないので、両方の融資を同時期に利用することは可能です。しかし、それでは同じ創業計画で同じ資金の使い途なのに、二重に公的な融資を受けたことになります。すぐに支障を来すことはありませんが、後々どこかのタイミングで公庫あるいは信用保証協会に知られてしまった場合、信用を大きく失墜してしまいます。

ただし、公庫だけで足りないので制度融資も併用するというケースは、可能性としてはありえます。たとえば、葬祭場やクリニックなど、高額投資を要する創業計画です。その場合は、公庫と信用保証協会の双方に、併用したい旨を説明して進めることになります。たとえば公庫が設備資金、制度融資は運転資金といった資金使途で申し込むといいでしょう。

第 4 章

融資を受ける際のハードル「審査」について知っておこう

審査はどのように行われているか？

金融機関に融資を申し込んだら、「**審査**」というものがあることは、ほとんどの方がご存じだと思います。創業融資は、申し込みさえすれば必ず融資してくれるわけではありません。これは、クレジットカードをつくるときと同じです。

審査とは、金融機関が融資の可否を検討するためのプロセスです。起業家が融資を受けるためには、審査にパスしなければならず、最大のハードルだといえます。融資を受けなければ起業できない人だけではなく、自己資金で起業できるけど「お金に余裕をもつために融資を受けておこう」という人でも、審査で落とされたくはないですね。

このハードルをうまく乗り越えるために、まずは金融機関で審査がどのように行われているかを知っていただきたいと思います。ここでは、創業融資を行う代表的な金融機関である日本政策金融公庫を例にとってご説明します。

起業家が日本政策金融公庫に融資を申し込みすると、1人の職員が担当することになります。審査のハードルを乗り越えるには、担当になった職員をうまく納得させることが1つのカギとなります。

たとえば、5名の融資担当者が集まる場面でプレゼンできるのなら、1人がネガティブな見方をしても、残りの4名が肯定してくれたら融資はOKになるでしょう。しかし、担当者は複数ではなく1人なので、**目の前の融資担当者をいかにして肯定的見方、つまり融資OKと判断する気持ちにさせるかが重要**です。

とはいえ、担当者がすべての決定権を持っているわけではありません。担当者は審査の稟議書を書いて上司に回し、最終的には「決裁権者」が融資の可否を決めることになります。「決裁権者」とは、通常は支店のトップですが、内容によっては本店の審査部門になることもあります。

融資担当者は、融資申込者から提出された事業計画書などの資料を見て、面談によるヒアリングを行います。そして、分析した結果を稟議書にまとめます。稟議書には、融資をOKとするか、NGとするかの結論も記載して上司に回すのです。場合によっては、稟議書を回す前に、担当者と直属の上司や決裁権者が会議を行って方針を決めることもあります。

起業家が面と向かって話ができるのは融資担当者だけですが、上司である融資課長、次長、事業統轄（支店長のこと）などが、担当者の稟議書を見たり意見を聞いたりして「よし、担当者の判断は正しい」と認めてこそ融資OKになります。ですから、**融資担当者をうまく説得す**

るだけではなく、その上の上司の眼も意識することも忘れてはいけません。

私はかつて日本政策金融公庫で融資課長という立場にありましたが、部下である融資担当者が融資NGの稟議書を回してきたときに「いや、これは融資できるだろ」と覆すことがありました。逆にまれですが、融資OKを融資NGに覆すこともありました。私にとって、創業融資の審査は、長年続いている企業への融資と比べて、判断に迷うことが多いものでした。なぜなら、起業はやってみなければ成否がわからず、創業融資はリスクがとても高いからです。かといって、簡単に融資をNGにしたら、せっかく起業しようという意欲のある人の可能性をつぶすことになりかねません。

融資の決裁権者が、融資担当者の意見を尊重するのは事実です。しかし、起業家から提出された資料の内容によっては、融資担当者の意見とは異なる判断をするときもあります。そのときに**判断材料として大きいのが「創業計画書」です**。つまり、首尾よく融資を受けるためには、融資担当者を言葉で説得するだけではなく、**決裁権者の眼を意識した「創業計画書」をつくることが非常に重要**なのです。

審査をパスするのは難しいのか？

多くの起業家が知りたいことの1つに「審査が通る確率はどれくらいだろうか」という疑問があります。自分が創業融資を申し込みした場合に、パスできるかどうか不安に思っている方が多いのです。

創業融資に申し込んだことがある起業家には、「簡単にパスできた」という人がいるかと思うと、「審査はとても厳しく、素人がやろうとしても難しい」という人もいるので、よけいに混乱してしまうようです。

そこで、長年、日本政策金融公庫で融資課長として審査に携わった私が、その疑問にお答えします。審査がOKとなる確率のデータは公表されていませんが、おおむね50～60％くらいだとお考えください。ただし、この数字は一定ではなく、常に変動しています。あくまでも目安の数字だと認識してください。

私が日本政策金融公庫の支店で創業融資の案件を担当していた頃、時期によっては10件中2～3件しか融資OKにできなかったこともあれば、7～8件ということもありました。その時期の申し込み案件の内容次第で、まったく異なる確率になります。また、景気の変動や業種を取り巻く環境変化によって、審査判断に微妙な変化が起きることがあります。たとえば、「最近○○業の倒産が多い」という状況が続くと、その業種の創業融資の審査が辛めになるといった具合です。

決して日本政策金融公庫が50～60％になるように調整しているのではありません。時期によって変動が大きいながらも、長期的に平均をとると、結果的にそれくらいになっていたということです。あくまでも私が在職していた頃の話ですが、今も大きくは変わっていないと推測しています。

創業融資の審査は、入学試験のように「上位○○人を合格とする」という相対的なものではなく、資格試験のように「○○点以上とった人は合格」という絶対的な基準もありません。金融機関が個別に「この人へ融資して、きちんと返済できるかどうか」という観点で検討をした結果で、ＯＫかＮＧかが決まるのです。**審査を通るのが簡単か難しいかは、申し込みをした起業家それぞれの印象次第**といえます。

ただ、ここでぜひご理解いただきたいことがあります。審査をパスする確率はおおむね50～60％ですが、問題は全体の内訳です。私が日本政策金融公庫で審査を担当していた頃に、創業融資の申し込み案件全体を俯瞰すると、審査判断が比較的容易な層というものがありました。

それは、「この起業家は誰が見ても問題なく融資ＯＫにできる」という層と、逆に「どう考えても融資は無理だ」という層です。

つまり、融資担当者からみると、上位と下位の層は、判断するのにそれほど迷わないのです。前者と後者の割合は同程度で、それぞれ全体の申し込み案件の15％程度を占めていました。

問題は、残りの70％の起業家です。融資担当者にとって、この70％の起業家からの申し込み案件については、融資ＯＫとするかＮＧとするか、けっこう悩んで慎重に検討します。ところが、結果的にこの**70％の起業家のうち40～50％がＮＧになってしまいます**。つまり、**多くの起業家が「審査上のボーダーラインにある」**といえるのです。うまくやれば融資ＯＫになるけれど、下手すると断られてしまう可能性があります。

最近は、起業セミナーなどで勉強している起業家が増えていますが、間違った理解をしたために損をしてしまう方も散見されます。そこで本書では、多くを占める「審査でボーダーラインにある起業家」が首尾よく融資を受けられるように、事業計画書の書き方を中心にして、押さえておきたい重要なポイントを解説します。

創業融資の審査基準とは

国の金融機関である日本政策金融公庫には、「創業融資を伸ばす」という目標があります。日本政策金融公庫は、民間金融機関を補完することを目的として設立されています。つまり、民間金融機関から融資を受けにくい層への融資を積極的に行うことを理念としている機関です。

政府系金融機関ということは、国民や中小企業から「必要な金融機関だ」と認められる必要があり、それがなくなれば存在意義を失いかねません。とくに創業融資は、民間金融機関が取り組みにくい分野ですから、積極的に実施することで、国民に対して日本政策金融公庫の存在意義をアピールすることができます。

しかし一方では、不良債権が増えると赤字が大きくなるので、きちんと返済してくれる起業家のみに融資をするという姿勢も強いのです。つまり、日本政策金融公庫は、「融資を伸ばす」と「不良債権は低く抑える」という、二律背反ともいえる目標を達成する必要があります。不良債権がまったくゼロだと、「リスクをとっていない」「オーバーキル」（断りすぎ）と批判されかねません。不良債権の発生率は適正レベル以内の水準に保ちながら、融資を増やすことが求められています。実際にここ数年来、日本政策金融公庫の創業融資は伸びていますが、不良債権は低く抑えられています。

それでは、創業融資の審査はどのような基準で行われているのでしょうか？

私が起業セミナーで講師を務めたときに、参加者から「たくさんのチェックリストがあるのですか？」と質問されたことがあります。その方は、30項目くらいの審査のチェック項目があって、そのうち8割とか9割にチェックマークがつけば融資OKとなるというイメージを持っていたようです。

実は、**創業融資の審査には明確な基準はない**というのが実態です。なんとなく総合的に判断して「この起業家はうまくやっていけそうだから、融資OKにしよう」「この人は返済が遅れそうだから、融資はお断りしよう」というように決まっているのです。

長年続いている中小企業であれば、決算書などの財務データを分析することができます。コンピュータが高度な統計学を駆使して、企業が倒産するリスクの度合いを数字で算出してくれます。また、財務データを細かく分析することで、融資判断の基準とすることができます。

ところが、起業する前の人は何も実績がないので、分析対象となる数字がないのです。もちろん、起業家の職歴や自己資金の金額など、目安となる材料はあるものの、コンピュータで分析して結論を出すというわけにはいきません。かつて日本政策金融公庫でも、創業融資の審査基準をつくろうとしましたが、起業後に事業がうまくいくかどうかということと相関関係にあるデータが少ないので、明確な基準をつくることは困難だったのです。

将来、人工知能が発達すれば、数字的な分析ができるようになる可能性はあります。しかし、現状では**審査に携わる人たちの経験や勘に基づいた「総合的な判断」によって決まっている**のです。

「経験や勘」というと、いい加減に決めているように思うかもしれませんが、日本政策金融公庫は60年以上にわたって創業融資の審査ノウハウを蓄積しています。明文化されたものというよりも、暗黙知として語り継がれているものが多いのです。町工場の熟練した職人が、手作業で機械よりも精密な製品をつくり上げるのと同様に、精度の高い審査をしているといえます。

本書では、日本政策金融公庫の「経験と勘」の中身に切り込んで、創業融資を受けやすくするコツをお伝えします。

起業家が「金融機関の審査は厳しい」と感じてしまう理由

創業融資を申し込みした起業家の中で、「審査が厳しいと感じた」とおっしゃる方は少なくありません。融資担当者との面談で、「事業計画を説明してもなかなか理解してもらえなかった」「細かいことを質問された」「収支予測についてネガティブにみられた」という印象をもつことがあります。

実は、そのような印象になる背景には、次の3つの理由があります。

1 金融機関は多くの「失敗起業家」を見ている

日本政策金融公庫は、融資をした後、一部の起業家に対して継続的に決算書などの提出を求めて業績をチェックします。対象者は、「中小企業経営力強化資金」という特別な制度を利用した方など、ごく一部に限られます。多くの起業家については、返済が遅れていなければ、業績を把握するケースは稀です。

一方、融資後間もないときに返済が遅れた融資先については、「審査に問題があったのではないか」という視点で、いろいろと検討がなされることがあります。つまり、融資後にうまくいっている起業家よりも、失敗している起業家のほうに注目してしまうのです。融資してすぐに返済が遅れるような融資先をつくると大きな問題なので、常に審査にフィードバックする必要があるからです。

つまり、融資担当者は、成功起業家よりも**失敗起業家に関する審査時の稟議書などを振り**

返ってみる機会が多いのです。ですから、創業融資を申し込みした起業家に対する見方が、どうしてもネガティブになりがちなのです。

2　融資担当者はビジネスに詳しくない

起業家の中には、融資担当者は商売や経営に関して詳しいだろうと思っている人がいます。また、起業する業界や業種に応じて、それぞれ専門家がいて、その専門家が審査を担当すると想像している人もいます。

ところが、実態はそうではありません。

融資担当者は、財務分析については勉強していますが、大企業に勤めるサラリーマンです。親が事業をやっていて手伝ったことがある人などごく一部を除けば、商売の実体験はありません。つまり、ビジネスについて詳しいとはいえない人がほとんどです。

「業種業界の専門家」というよりも、**さまざまな業種について広く浅く机上で勉強しているのが融資担当者**です。最新のビジネスに対して、知識が追いついていないのが実態です。ですから、ＩＴ系など斬新なビジネスプランやこれまでにないビジネスモデルについては、起業家が説明しても理解が得られないという現象が起きてしまうのです。

3　融資担当者は安易に前向きな発言をすることはできない

審査は、融資担当者だけで結論を出すことはありません。上司が稟議書を見て、最終的に「決裁権者」が判断することになります。融資担当者が「融資ＯＫ」にしようと思っても、上司に否定される可能性もあります。

融資の面談のときに起業家へ安易に「融資は大丈夫だと思いますよ」といってしまうと、後で覆されたときに困ります。日本政策金融公庫に限らず、融資が決まっていない段階で、金融機関の担当者が融資ＯＫと思わせる発言をするのは、コンプライアンスに反することとされています。

つまり、**面談のときには「融資がＮＧになることもありうる」というニュアンスにせざるをえない**わけです。

融資担当者に面談前から好印象を与えるために

融資担当者の仕事は、大まかにいうと**①面談前の事前準備→②面談→③（必要に応じて）開業予定地への訪問調査→④稟議書の完成→⑤上司へ稟議書を回付**という流れで進められます。

起業家が首尾よく審査OKの結論を導き出すためには、「②面談」がもっとも重要ですが、「①面談前の事前準備」の段階から融資担当者を攻略する意識が必要です。

面談前の事前準備とは、融資担当者が、起業家から提出された書類を見ながら「この人には融資できるのではないか」あるいは「融資が難しそうだ」といった仮説を立てる段階です。融資担当者は、申し込み時に提出された資料を見ながら、次のような事前準備を行います。

1　必要な書類は揃っているかをチェック

申込書や創業計画書のほかに設備資金の見積書など、最初に提出してもらうべき資料が揃っているかを確認します。

2　金融機関のデータベースの記録の有無を調べる

過去に申し込みをした履歴など、金融機関がもっているデータベースの記録の有無を調べます。

3　個人信用情報（後述）を確認する

「CIC」などの個人信用情報機関のデータベースを調べて、個人の借入やクレジットの決済状況を確認します。

4 不動産を所有しているなら登記簿を調べる

申し込みした人が自宅など不動産を所有しているなら、法務局の登記簿を見て抵当権などの設定状況を調べます。

5 予定している事業の業種業態の動向を調べる

計画している事業について、「その業種を取り巻く経営環境はどうか」「審査におけるチェックポイントはどこか」などについて事前に把握します。

6 事業計画書（創業計画書）の内容を読んで仮説を立てる

提出された事業計画書の内容を読んで、融資可否について仮説を立てます。

7 面談でどのようなことを質問するか決めておく

立てた仮説に基づいて、面談時にどんな質問をすればいいか決めておきます。

融資担当者がこうした事前準備をするのは、融資可否の結論を早く的確に行うためです。できるだけ早く的確な結論を出すために、あらかじめ「融資ができそうだ」とか「融資しないほうがよさそうだ」といった仮説を立ててから面談に臨むのです。

とはいえ、最初から結論を決めつけるわけではありません。「融資ができそうな人だから、このあたりを重点的に質問しよう」とか「問題点があるから融資が難しそうだけど、ほかにいい材料がないかを面談で確認しよう」といった具合に、柔軟な姿勢で検証していきます。

首尾よく審査をパスするためには、審査の担当者による事前準備段階からいい印象を与えることが重要です。そのための有効な手段の1つが、**説得力ある創業計画書を提出すること**なのです。

「えっ、まさか、そんなことがあるの？」融資担当者は万能ではない

ここで、参考情報として、融資担当者に関する意外なお話をしておきます。融資担当者は決して万能ではなく、「まさか、そんなことがあるの？」と驚くような面があることを知っていただきたいと思います。

1つは、担当者によって能力差が大きいことです。

日頃から起業家や中小企業の資金調達をサポートしている私の主観ですが、日本政策金融公庫の融資担当者は、ほかの金融機関の人と比較して審査能力が高いと思います。とりわけ創業融資は、日本政策金融公庫が長年蓄積した審査ノウハウがあるからこそ、適正に実施できるのです。

ただし、個々の融資担当者によって、能力差が大きいのは事実です。どんな会社でもそうですが、仕事の経験年数やセンスの有無などにより、優れた担当者がいる一方で、そうでない担当者もいます。

融資担当者が求められる能力とは、およそ次のような内容です。

- **面談で円滑に会話ができるコミュニケーション能力**
- **ビジネスプランの内容を把握する知識と理解力**
- **書類やヒアリングから的確に審査判断をする能力**
- **簡潔かつスピーディに稟議書をまとめる仕事の処理速度**
- **上司にうまく説明するプレゼンテーション能力**

こうした能力に優れる担当者は、融資を申し込みした起業家にとって印象がいいものです。ビジネスプランの内容をよく理解して、スムーズに結論を出してくれます。ところが、すべての担当者がそうとはいえません。説明してもなかなか理解してもらえず、ストレスを感じることがあります。

でも、たとえ**担当者が「優秀」でなかったとしても、融資の可否に大きなブレがあるわけではない**のでご安心ください。よく「融資の可否は担当者次第で、運不運がある」という人がいますが、決してそんなことはありません。未熟な担当者については、上司もしっかりとフォローしているからです。

もう1つは、融資担当者も「人間」だということです。

コンピュータのような機械ではないのです。起業家が真摯《しんし》に向き合えば、「なんとか融資したい」と思ってくれるものです。

私は、融資担当者時代を振り返ると、融資を申し込みしてきた起業家に肩入れするタイプでした。かつて、60代で起業しようという人がいて、面談のときに「一生懸命に頑張りますから、どうか融資をお願いします！」と真剣な眼差しで訴えてきたことがありました。融資するにはいくつかの問題を抱えていたのですが、私は強い熱意と覚悟を感じました。もちろんビジネスプランの成否について十分検討したうえですが、渋る上司を説得して融資ＯＫの結論にしたのです。

当時の私のように、融資担当者も上司も機械ではなく、血の通った人間です。**起業家の熱意や入念に練り上げられたビジネスプランなどを見て、「少々問題があっても融資しよう」という気持ちが働くこともある**のです。

長年継続している企業であれば、決算書など財務データの分析結果が出るので、あまり金融常識を逸脱する結論は出せませんが、これから起業する人の事業の成否は白紙の状態です。融資を申し込みした起業家が、融資担当者や上司の心を揺り動かすことができれば、融資を受けられる可能性が高まります。

そのために起業家が心がけるべきことは、**ビジネスプランを十分にブラッシュアップすることと、「熱意」と「覚悟」を示すこと**なのです。

第 5 章

審査でチェックされるポイントを教えます

起業家と金融機関のギャップを知っておこう

融資を申し込みした起業家の中には、「金融機関の担当者は私のビジネスプランを理解してくれない」と嘆く人がいます。融資担当者との面談で一生懸命にビジネスプランを説明したつもりが、渋い顔をされて融資にネガティブな雰囲気を感じることがあるからです。

担当者がこのような反応になる理由の1つは、**起業家と金融機関の考え方にギャップがある**ためです。起業家は、一般的に次のようなアイデア重視の発想で起業を考えています。

1　ビジネスプランに自信がある

自分が考えた商品・サービスやビジネスモデルに自信を持っている方が多く、金融機関の担当者に対して強くアピールしようとします。

2　起業すればうまくやっていける

「創業融資を受けることができれば、起業して軌道に乗せられるはずだ」と、楽観的に考える人が少なくありません。

3　マーケティングや営業の計画が大切

起業時には見込み客がなくても、「マーケティングや営業を頑張れば、お客様を確保できる」と、集客のためのコストや活動を重視しています。

4　多くの資金を基に準備万端で起業したい

「ぎりぎりではなく、余裕ある資金を持って起業したい」と考え、多めに融資を受けたいと思うものです。

5　融資の返済は長期にしたい

毎月の返済金額が少ないほうが安心だと思うので、長期返済を希望します。

一方、金融機関の担当者は「返済可能性」や「リスク低減」を重視しているので、次のような見方をします。

1　経営者としての資質はあるか

経営者として事業を軌道に乗せるためのスキルやノウハウを持っているか、借入をきちんと返済する姿勢があるか、といったことを見極めようとします。

2　現在の財政状態はどうか

現在どれくらいの資産（不動産や預金など）と負債（ローンなどの借入金）があるのかという観点でチェックします。資産は多いほうが、負債は少ないほうが起業後の企業維持力が高いという考え方です。

3　収支見通しはどうか

「起業して売上をどれくらい上げることができるか、返済するだけの利益を出せるか」という観点です。マーケティングや営業で集客することよりも、「すでにお客様を確保できる見込みがあるかどうか」という点を重視します。

4　リスクを抑えるために融資金額は必要最低限にする

融資金額については、万一返済できなくなったときの貸し倒れを少なくするために、必要最

図表5　起業家と金融機関のギャップ

起業家	金融機関
アイデアに自信あり	返済可能性を重視
☑ ビジネスプランに自信あり	☑ 経営者としての資質はあるか
☑ 起業すればうまくやっていける	☑ 現在の財政状態はどうか
☑ マーケティング・営業計画が大切	☑ 収支見通しはどうか
☑ 多くの資金で準備万端で起業したい	☑ 融資金額は必要最低限にする
☑ 返済は長期にしたい	☑ 返済は短めに設定する

低限にすべきという考え方です。そのため、融資申し込み金額に対して減額して融資することがあります。

5　返済は短めに設定したい

起業家の考え方とは真逆で、返済は短めにするのが妥当とされています。これは、「期間リスク」といわれる、長期にすればするほど倒産する確率が高い（企業は長く継続することが難しい）という考え方に基づいています。たとえ融資制度としては「ご融資期間10年まで」となっていても、5年返済でしか認めないという結論になることがあるのです。

起業家と金融機関のどちらが正しいか間違っているかは別として、考え方の違いはなかなか解消できないのが実態です。融資を申し込みする際は、こうしたギャップを理解したうえで、金融機関の視点を意識した準備をすることが重要です。

創業融資の審査における3つのチェックポイント

「創業融資の審査には明確な基準がない」とお伝えしましたが、融資担当者が必ずチェックするポイントがあります。

それは、**「経営者としての資質」「財政状態」「収支見通し」**の3つです。

私は、日本政策金融公庫の融資担当者になりたての頃に、先輩たちから「創業融資の審査ポイントは自己資金と斯業《しぎょう》経験だ」と口酸っぱく教えられたものです。かれこれ30年ほど前の話です。「斯業経験」とは、始める事業内容と同じ業種の勤務経験のことです。つまり、自己資金が十分あるか、始める事業に関する経験を十分積んでいるか、という2点が重要な判断ポイントだったわけです。自己資金がたくさんあって、経験を積んでいる事業のほうが成功確率は高いという考え方です。

この2点は今でもチェックポイントの一部ですが、起業後の成否を判断する材料としては表面的すぎますね。それから年数が経過するとともに、日本政策金融公庫における創業融資の審査ノウハウは進歩し、多面的な視点で判断するようになったのです。その結果、創業融資を実施することについて、以前よりも積極的になったといえます。

現在、融資担当者がチェックするポイントは多岐にわたりますが、大きな視点としては「経営者としての資質」「財政状態」「収支見通し」の3つに集約されます。

「経営者としての資質」とは、経営者になるためのスキルやノウハウを身につけているかという視点です。起業すれば、サラリーマンではなく事業経営者としての能力が求められます。たとえば、事業内容に関する知識、マネジメント能力、経営戦略の論理的思考能力などです。

さらに、中小企業は社長とはいっても、接客や営業なども自分がやらなければならないケースがほとんどです。つまり、商売人としてやっていける性格や行動力の有無についても、それとなくチェックされることになります。

「財政状態」とは、身もふたもない話になりますが、お金の余裕があるかどうかという視点です。起業してもほとんどの場合、赤字か資金繰りが楽ではない状況がしばらく続きます。起業するのに借金に依存しすぎていては、厳しい状況を乗り切る耐久力が弱いという考え方です。

あるいは、すでに借入金があって返済負担がかなり大きい状況だと、その分より多くの利益を出さなければ事業を継続していけないことになります。

「収支見通し」とは、「起業して事業を維持し、融資金が返済できるかどうか」という視点です。事業計画書の中で、売上、原価、経費を予測する欄があり、ここに記載している内容の実現可能性が問われます。

ここでは、事業計画がどれだけ練り上げられているものかという観点と、お金に関する知識（計数感覚）も問われることになります。

よく「創業融資を受けるためには事業計画書をうまく書くことが大切」といわれていますね。本書も事業計画書の書き方をメインテーマにしていますが、実は事業計画書をうまく書くだけではダメです。

首尾よく融資を受けるためには、「経営者としての資質」「財政状態」「収支見通し」の3つの視点をうまく見せることが欠かせません。事業計画書以外でも、担当者との面談で提出する資料やプレゼンにおいても、その点を十分に意識しておくことが重要なのです。

それでは次項から、3つの視点それぞれについて、融資担当者がどのようにチェックするのか具体的に解説していきます。

チェックポイント①「経営者としての資質」

まず「経営者としての資質」の視点について説明します。

第4章で「金融機関の融資担当者はビジネスに詳しくない」と述べましたが、いったいどうやって「経営者としての資質」の有無を判断するのでしょうか？　日本政策金融公庫の場合、膨大な数の創業融資を行ってきたことから、起業家のタイプと経営者の資質の有無の判断について経験則を持っています。具体的には、次のような観点で把握しようとします。

1　どんな経験を積んできたか

これまでの経歴や職歴の中で、どんな経験を積んで、どのようなスキルやノウハウを得てきたのかを把握します。その培ったスキルやノウハウは、今回の事業にどのように関連しているのかが重要です。

金融機関は、「経験を積んだ分野で起業するほうが成功する確率が高い」「経験のない事業はうまくいかない」という経験則を持っています。事実、起業の失敗事例の中には、未経験の分野で起業したものが散見されます。たとえば、居酒屋を開業するのに、飲食店の勤務経験がまったくない人だと、失敗する可能性が高いという判断になります。

また、店長や役職に就いていたなど、マネジメント能力の高さを裏付ける経歴があれば、プラス材料になるので、積極的に示すことが有効です。

2 営業や接客はできるか

中小企業は、飲食店や美容院などに代表されるように、社長が接客する場合が多くあります。また営業活動も、社長自身が出ていかなければならないことがほとんどです。そのため、接客や営業ができる人物かどうかがチェックされます。

では、どうやって融資担当者が接客や営業の能力を把握できるのでしょうか?

唯一把握できるのは、融資の面談の場面です。予定の業種にふさわしい雰囲気を持っている人かどうか、お客さんの立場から見ていい印象の人か、会話のキャッチボールがうまくできるかどうかが重要なポイントになります。

3 論理的思考はできるか

通常、経営者は、サラリーマンよりもハイレベルな思考能力が求められます。これも面談の会話の中で、「頭の回転が速い」「頭脳明晰な人だ」といった印象を植え付けることができると、稟議書の「人物印象」欄が高評価になるのです。

4 事業経営への熱意と覚悟はあるか

起業することに関して真剣に準備をしているか、是が非でも成功させるという意欲に溢れているかということが問われます。

中小企業経営者の中には「景気が悪いから、うちの事業が低迷している」と発言する人がいますが、金融機関は「それは言い訳にすぎない」と冷ややかな眼で見てしまいます。起業するときこそ「何事も自己責任」という姿勢であるべきで、その覚悟を融資担当者が感じるように振る舞うことが重要です。

5 金融機関に対して正直に情報開示しているか

融資担当者が、確信を持って融資ＯＫの結論を出すためには、起業家に関して知るべき情報を正確に把握することが必要です。そのため、正直に情報開示をする姿勢がある起業家のほうがスムーズに融資が決まります。

6　お金や数字に関する適切な考え方（計数観念）はあるか

お金や数字に関する説明がうまくできるか、返済や支払いに関して期日を守る人かどうかがポイントです。

7　経営者に向いている性格か

経営者としてふさわしいタイプかどうか、面談のときの雰囲気で把握しようとします。融資担当者が「元気がある人」「危機を乗り越えるタフさがある」「前向きな考え方ができる」という印象を持てば、安心して融資できるという気持ちになるものです。

チェックポイント②「財政状態」

融資担当者が「財政状態」について調べるのは、起業後の資金的な余裕度を見るためです。資産と負債を比べたときに、資産が多い状態（資産超過）のほうが、いざというときに補てんができるので、維持力が高いという見方ができます。

また、さまざまな支払い状況を見ることで、借入したときにきちんと期日に返済する姿勢

（「期日観念」といいます）があるかどうかを判断します。
「財政状態」に関する主なチェックポイントは次のような項目です。

1　資産はどれくらいあるか

端的にいうと、資産をたくさん持っているほうが、いざというときの補てんができるので、事業継続のための耐久力があるという見方になります。融資担当者は、融資を申し込みした人が、不動産や金融資産をどれくらい持っているかを把握しようとします。資産は多いほうがいいので、積極的に開示することを心がけてください。

「自分はたいして資産を持っていない」と思っている方が多いですが、一度しっかりと洗い出して確認してみましょう。すると、思っていたよりも多くの資産を持っていることがあります。たとえば、解約すれば返戻金が出るタイプの保険などです。

また、自分名義のものだけではなく、同居家族名義のものも協力してもらって示すことが有効に働きます。

融資担当者に資産を開示する方法は、基本的には預金通帳などの現物を見せることです。不動産の場合は、権利書や登記簿謄本（法務局の登記事項証明書）を提示することになります。

2　負債はどれくらい抱えているか

負債とは、借入金がどれくらいあるかということです。例示すると、住宅ローン、車のローン、カードローンなどです。負債も、資産と同様に資料を提示しながら説明することになります。たとえば住宅ローンであれば、毎月の返済予定表などが資料になります。

審査判断では、既存の負債が多いとマイナスに働くので、短絡的な発想としては隠したほうがいいといえます。しかし、隠したことが判明してしまうと、「信用できない人」と判定されかねません。とくに、後述する「個人信用情報」に記載されている負債は、隠そうとしても見透かされます。

3　諸支払い振りはどうか

「諸支払い振り」とは、種々の支払いを期日どおりにしているかということです。とても細かいことですが、公共料金や税金、借入の返済などについて、遅れなく払っていることが信用になるのです。面談の場で、支払い状況がわかる資料として、領収書や引き落とし口座の通帳などが求められます。

また、金融機関は融資を申し込みした人の「個人信用情報」を調べます。個人信用情報に関しては、銀行、信用金庫、クレジットカード会社などが加盟して、個人の利用状況や支払い状況を情報として蓄積するシステムがあります。「ＣＩＣ」「全国銀行個人信用センター」「日本信用情報機構」が代表的な機関です。

自分の個人信用情報は、取得して確認することができます。私は、融資を申し込みする人に、「ご自身の信用情報を取ってみてください」とアドバイスをしています。自分の借入や支払いの状況がどのように記載されているかを確認することで、あらかじめ対策を講じることができるからです。たとえば、万一、遅れているものなど、ネガティブな情報があれば、しばらく正常に支払いを続けてから申し込みをするほうが得策です。

チェックポイント③「収支見通し」

「収支見通し」は事業計画書の根幹をなす部分であり、融資担当者が企業維持力や返済能力を判定する重要なポイントです。しかし、多くの場合、「起業してみなければわからない」のが実態なので、起業家が記入するのにもっとも頭を抱える項目です。

融資担当者がチェックするポイントは次のとおりです。

1　投資内容と資金調達方法は妥当か

「起業時に何にいくら投資するのか」という投資内容を前提にして、収支予測を行います。予定している事業内容に対して妥当な投資か、過大な投資ではないか、投資効果は見込めるかという点が検証されます。

資金調達方法とは、必要な投資金額をどこから調達するのかということです。自己資金や借入について、「間違いなく調達できるか」という観点でチェックされます。

2　予想収益の実現可能性はどうか

日本政策金融公庫の「創業計画書」には、「8　事業の見通し（月平均）」という欄があり、ここに記載した内容の実現可能性がチェックされます。起業家がもっとも記入するのに苦労する部分ですが、同様に融資担当者も非常に判断に迷う箇所です。融資の稟議書には、予想収益の根拠を明記しなければならないからです。

たとえば飲食店開業で、売上を「客単価3000円で30席あって、1日1回転する（30人のお客様が来店する）」と予測した場合、融資担当者から「1回転する根拠は何ですか？」と質問されます。融資ＯＫの結論を引き出すためには、この難問にうまく答えることが必要です。

また、融資担当者がもっとも心配するのが、「融資後、短期間で返済ができなくなること」です。その心配を解消させるためにも、起業後すぐに売上が実現するという説明ができることが理想です。とくにB to B（企業間取引）の事業を予定している場合、すでに起業前の段階で顧客となる企業を確保していると、融資担当者を安心させることができます。

原価、経費などについても、「業界平均と比べて妥当か」「経費の金額が過少ではないか」「（家賃などが）高コストすぎないか」といった観点でチェックされます。

3　資金繰りの見通しはどうか

売上・収益の実現可能性に加えて、資金繰りの見通しも重要です。とくに、商品やサービスを提供しても代金が入るのに長期を要する事業の場合、うまく資金繰りができるかという観点でチェックされます。

たとえば、介護関係など保険からの入金を主な収入源とする事業は、実際にお金が入るまでに数カ月以上かかるので、その間の資金繰りも考慮に入れて融資担当者に説明することが大切です。

4　収益が予想よりも少ない場合の補てん方法はあるか

予想収益に妥当性が認められたとしても、「起業してみたら予想よりも売上が少なかった」ということがあります（実際には、ほとんどの起業家がそうです）。もし、補てんできるものがあるならば、融資担当者へ説明しておくことが有効です。

たとえば、配偶者がマンション経営をしており家賃収入があるなど、別の安定した収入源があるなら、積極的に情報開示することをお勧めします。

完全無欠でなくても融資は受けられる

ここまで、「経営者としての資質」「財政状態」「収支見通し」という融資担当者の３つの視点について説明しました。審査のチェックポイントが多岐にわたっていることをご理解いただけたと思います。

あなたは、「創業融資の審査をクリアするのは自分には難しそう」と嘆いていらっしゃるかもしれません。

でも、ご安心ください。これらのチェックポイントのすべてをクリアするような完全無欠の起業家はめったにいません。第４章でご説明したとおり、創業融資を申し込みした人の中には、融資担当者からみて「この起業家は誰が見ても問題なく融資ＯＫにできる」という層がありますが、全体の約15%にすぎません。つまり、チェックポイントをすべてクリアするような起業家は、とても少ないのです。

ほとんどの起業家は、いくつかのチェックポイントで十分とはいえない状態です。それでも、**その他でうまくカバーすることによって、審査をパスすることは可能**なのです。

たとえば、「財政状態」で資産が乏しい起業家であったとしても、「経営者としての資質」や「収支見通し」でプラスになる材料を積み上げるという方法が有効です。

事例を1つご紹介しましょう。

私が相談を受けた30代の起業家Aさんは、それまでの勤務の収入があまり多くなかったので、資産といえば50万円ほどの預金だけでした。普通はその状態で創業融資に申し込んでも、「自己資金が乏しい」と判断されて断られることが多いものです。

Aさんは、派遣でコンピュータシステムの仕事に10年以上携わっており、銀行など大企業のシステム開発を行った経験がありました。その間培ったスキルやノウハウを生かして、システム開発会社を起業する計画を立てました。パソコンなどを購入する設備資金と人材確保のための運転資金が必要なので、５００万円の創業融資を申し込みしたのです。

私がアドバイスしたのは、①経歴上の強みをアピールすること、②すでに顧客を確保しているところを強調すること、③身内の人から返済不要の資金を提供してもらうことの3点です。

Aさんの強みの1つは、職歴の中で大企業のシステム開発のプロジェクトリーダーとして活躍した経験があることでした。この経歴を明記することで、高い技術力とマネジメント能力があることをアピールできたのです。

もう1つの大きな強みは、すでに5社の企業から「起業したらうちと取引してほしい」というオファーがあったことです。会社を設立する前だったので、まだ契約こそできていませんが、融資担当者に取引予定先企業の責任者との打ち合わせ資料を見せたことで、「収支見通し」の実現可能性を示すことができたのです。

それでも自己資金が乏しいことがマイナス材料として大きいので、父親から100万円を出資してもらい、融資担当者へ説明しました。

その結果、希望どおりの500万円の融資を受けることができて、起業後も順調に推移しています。Aさんの勝因は、小手先のテクニックでは決してなく、「起業前に顧客を確保する」「身内に出資をお願いする」といった努力をしたことにあります。

Aさんのように、**自分の強みをアピールするとともに弱みはカバーすることで、融資を受けることは可能なのです**。

重要なポイント「自己資金」について

創業融資を申し込む際に、「自己資金」が重要だと認識している方は多いと思います。融資担当者は、自己資金の金額や総投資額に対する割合について、しっかりと確認しようとします。借入に依存して起業するよりも、自己資金が多いほうがリスクは低いと考えるからです。

自己資金は、「自分自身でコツコツ貯めたもの」というのが基本的な定義です。前述の「資産」のうち、今回始める事業に投入する資金のことです。融資担当者に説明するときは、明確な証拠資料が必要になります。証拠資料とは、銀行の通帳、株式投資や投資信託など金融資産の書類です。

現金を封筒に入れて「これが自己資金です。タンス預金にしていました」といっても、信用してくれません。どこからか一時的に借りたお金、つまり「見せ金」ではないかという疑いが払拭できないからです。実際にタンス預金をしていたとしても、できるだけ早く**預金口座に入金しておくことが大切です**。

最近は、起業家にとって喜ばしいことに、必ずしも自己資金が多くなくても融資が受けられる可能性が高まりました。

日本政策金融公庫の融資制度における、自己資金の要件が大幅に緩和されたのです。

無担保・無保証人の「新創業融資」は、かつて「自己資金が総投資額の3分の1以上あること」を要件としていました。たとえば、ラーメン屋さんを開業するのに600万円かかるとすれば、そのうち200万円は自己資金があって、残りの400万円が融資の上限になるということです。

それが、数年前に制度が改正され、**自己資金は「10分の1以上」**となりました。しかも、ほかのいくつかの条件をクリアしていたら、自己資金は0でもいいことになっています（とはいえ実際には、自己資金0で融資を受けられる可能性はかなり低いのが実態です）。

私が日本政策金融公庫の創業支援部署の担当者にヒアリングしたところ、「自己資金と事業の成否には必ずしも明確な相関関係はないことがわかってきた」とのことです。以前は「自己資金の有無が事業の成否を左右する」というのが金融機関の常識でしたから、それを大きく覆す発想であり、画期的だと思います。

制度の条件が緩和されたことから、自己資金が少ない起業家でも融資を受けられる可能性が高まったわけです。

先日、私が起業セミナーでこの話をしたところ、女性の参加者が「私でも融資を受けられる可能性があると知って嬉しくなりました」とおっしゃっていました。その女性は、飲食店を開業したいのに、子供の学費の負担があって自己資金が少ないため、融資を受けられないと思い込んでいたのです。私が具体的な内容を確認したところ、しっかりと練り上げられたビジネスプランだったので、融資を受けられる可能性は十分にあると判断できました。

また最近、日本政策金融公庫では、自己資金の範囲を幅広く見てくれるようになりました。純粋に自分のお金ではない、**身内からの出資金なども自己資金と同様に判断してくれる**ケースが増えています。

身内の方から出資をしてもらう場合、留意すべきことがあります。たとえば父親から出してもらうときは、必ず預金口座に振り込んでもらい、通帳上に名前が出るようにすることです。現金で預かって自分で入金したら、どこからのお金かわからないからです。

また、融資担当者に対して、父親の名前、住所、不動産の有無、職業などについても具体的に説明しておくことが有効です。なぜなら、父親が出資する資力がある人物だという証拠になるからです。融資担当者は、父親が不動産を持っているなら登記簿を調べるなど、裏付け調査をするのです。

融資における自己資金の要件が緩和されたとはいえ、起業直後のことを考えると、借入に依存した計画だと余裕がないのは事実です。**「起業前にできるだけ多くの自己資金を貯めるべき」というのは正しい考え方で、審査においても重要なポイントである**と認識しておいてください。

やはり、創業融資を申し込みするなら、総投資額の3分の1程度の自己資金を貯める努力は必要です。

第 6 章

創業融資の事業計画書は用紙1枚でいい

なぜ人マネの事業計画書はNGなのか

最近は、日本政策金融公庫や制度融資の事業計画書（創業計画書）について、書籍やインターネットのサイトに記入事例のようなものが掲載されています。

起業家の中には、それらをそっくりマネして、創業計画書を書こうとする人がいます。また、自分で書こうとせず、専門家と称する人に作成を依頼する人もいます。

事業計画書を書くノウハウを得るために、書籍やネットから情報を得ることや、詳しい人にアドバイスを受けるのはとても有意義なことです。しかし、**書籍やネット情報の事例とそっくりな創業計画書にするのはやめたほうがいい**と断言します。ましてや、**他人に事業計画書の作成を丸投げするのはもってのほか**です。

事業計画書は、人マネではなく「あなた色」、つまりオリジナリティを出すことが重要なのです。

人マネの事業計画書がNGである理由は3つあります。

1つは、融資担当者との面談のときに、「自分の言葉」でうまく説明できない可能性があるからです。事業計画書に書いてあることと、実際のビジネスプランに微妙な相違が生じ、起業家の説明することに整合性がなくなります。

融資担当者は、「書いてあることと言っていることがなんとなく違う」という印象を受けます。すると、「事業計画が不明確で定まっていない。起業するのは時期尚早ではないか」という判断をしかねないのです。

2つ目の理由は、起業して事業を軌道に乗せるためには、独自の強みやオリジナリティが必要だからです。融資担当者やその上司が「ありふれた内容のビジネスプランだ」と感じると、商品やサービスについて競争力が弱いと判断し、収支見通しに確信が持てなくなります。

3つ目の理由は、融資担当者に「そもそも、この人はほんとうに起業する予定があるのだろうか？」と疑われる可能性があることです。

私も融資担当者のときに、「どこかで見たような事業計画書だ」とか「内容が出来すぎているのではないか」と感じた場合は、必ず疑ったものです。なんとしても起業したいという「熱意」や「覚悟」が感じられないからです。

何万人もの融資申込者の中には、起業するつもりなどなく「融資だけを受けて逃げよう」という人がゼロではありません。起業家が事業計画書の内容を明確に説明できなければ、疑いの眼で見られることがありうるのです。

このように、人マネ事業計画書を提出してしまうと、信用してもらえない可能性があります。

事業計画書は、オリジナリティを出すことを心がける必要があります。

オリジナリティを出すのは、それほど難しいことではありません。何かをマネしようとするのではなく、**自分自身の考えや計画を記入する姿勢があれば十分**です。

融資担当者との面談で、事業計画書に書いたことについて自信を持って説明できるように、自分で考えた内容を盛り込めばいいのです。完璧につくり上げようとする必要はなく、多少表現が稚拙でもかまいません。

ただし、融資を受けるための事業計画書は、見る人が理解できないと問題です。できるだけ客観的に見て、わかりやすい表現をすることも心がけてください。

日本政策金融公庫の「創業計画書」が基本

起業する人向けの公的な融資には、日本政策金融公庫の創業融資と、都道府県や市区町村が実施している「制度融資」の2種類があります。いずれも、「創業計画書」という名の事業計画書を作成して提出する必要があります。

日本政策金融公庫と制度融資の創業計画書を比べると、記入項目は制度融資のほうが多くなっていますが、大きな差異はありません。私の推測ですが、日本政策金融公庫のほうが創業融資に取り組んでいる歴史は古いので、先に創業計画書の書式をつくったものと思われます。制度融資のほうは、信用保証協会が日本政策金融公庫のものを参考にして検討したのではないかと見ています。

日本政策金融公庫の創業計画書の書き方のコツを学べば、制度融資にも対応できます。

日本政策金融公庫の創業計画書はA3サイズ横の1枚のみで、起業の事業計画書としては記入する項目が少なく、とてもシンプルです（次ページ参照）。

第1章でも述べましたが、一般的な事業計画書にある「経営理念」「事業戦略」「マーケティング計画」「市場規模」などは含まれていません。創業計画書の書式がシンプルなのは、2つの理由が考えられます。

1つは、金融機関が数多くの融資申し込みを審査しなければいけないからです。効率的かつ的確に審査するためには、必要最低限に絞り込む必要があります。量が多すぎる事業計画書だと検討に時間がかかりすぎるうえに、書類の保管にも困ります。

そして、もう1つのほうがメインの理由です。創業融資を利用しやすくするために、できるだけシンプルな様式にしたと思われます。「自由に事業計画をつくってください」というと、か

☆　この書類は、ご面談にかかる時間を短縮するために利用させていただきます。
　　なお、本書類はお返しできませんので、あらかじめご了承ください。
☆　お手数ですが、可能な範囲でご記入いただき、借入申込書に添えてご提出ください。
☆　この書類に代えて、お客さまご自身が作成された計画書をご提出いただいても結構です。

5　従業員

常勤役員の人数（法人の方のみ）	人	従業員数（うち家族）	人（　　人）	パート・アルバイト	人

6　お借入の状況（法人の場合、代表者の方のお借入れ（事業資金を除きます。））

お借入先名	お使いみち	お借入残高	年間返済額
	□住宅　□車　□教育　□カード　□その他	万円	万円
	□住宅　□車　□教育　□カード　□その他	万円	万円
	□住宅　□車　□教育　□カード　□その他	万円	万円

7　必要な資金と調達方法

	必要な資金	金　額	調達の方法	金　額
設備資金	店舗、工場、機械、備品、車両など （内訳）	万円	自己資金	万円
			親、兄弟、知人、友人等からの借入 （内訳・返済方法）	万円
			日本政策金融公庫　国民生活事業からの借入	万円
			他の金融機関等からの借入 （内訳・返済方法）	万円
運転資金	商品仕入、経費支払資金など （内訳）	万円		
	合　計	万円	合　計	万円

8　事業の見通し（月平均）

		創業当初	軌道に乗った後（　年　月頃）	売上高、売上原価（仕入高）、経費を計算された根拠をご記入ください。
売上高①		万円	万円	
売上原価②（仕入高）		万円	万円	
経費	人件費（注）	万円	万円	
	家賃	万円	万円	
	支払利息	万円	万円	
	その他	万円	万円	
	合計③	万円	万円	
利益 ①－②－③		万円	万円	（注）個人営業の場合、事業主分は含めません。

ほかに参考となる資料がございましたら、計画書に添えてご提出ください。

（日本政策金融公庫　国民生活事業）

図表6　日本政策金融公庫の創業計画書

創　業　計　画　書

〔平成　　年　　月　　日作成〕

お名前

1　創業の動機（創業されるのは、どのような目的、動機からですか。）

	公庫処理欄

2　経営者の略歴等

	年　月	内　容	公庫処理欄
経営者の略歴			
	過去の事業経験	□ 事業を経営していたことはない。 □ 事業を経営していたことがあり、現在もその事業を続けている。 □ 事業を経営していたことがあるが、既にその事業をやめている。 （⇒やめた時期：　　年　　月）	
	取得資格	□ 特になし　□有（　　　）	
	知的財産権等	□ 特になし　□有（　　（□申請中　□ 登録済））	

3　取扱商品・サービス

		公庫処理欄
取扱商品サービスの内容	①　（売上シェア　　%）	
	②　（売上シェア　　%）	
	③　（売上シェア　　%）	
セールスポイント		

4　取引先・取引関係等

	フリガナ 取引先名 （所在地等）	シェア	掛取引の割合	回収・支払の条件	公庫処理欄
販売先	（　　）	%	%	日〆　日回収	
	（　　）	%	%	日〆　日回収	
	ほか　社	%	%	日〆　日回収	
仕入先	（　　）	%	%	日〆　日支払	
	（　　）	%	%	日〆　日支払	
	ほか　社	%	%	日〆　日支払	
外注先	（　　）	%	%	日〆　日支払	
	ほか　社	%	%	日〆　日支払	
人件費の支払	日〆			日支払（ボーナスの支給月　　月、　　月）	

えって戸惑うので、ひな形の書式を作成したのでしょう。

起業する人を増やすことが日本経済の活性化につながるので、創業融資を増やそうという政策は昔からあります。そのためには、創業計画書の書式も書きやすくして、融資申し込みのハードルを下げたのです。

シンプルな書式であるがゆえに「自分のプランはこんな簡単な書式では説明しきれない」と思う起業家もいます。その場合は別の資料を添付すればいいのですが、基本的には**この創業計画書の書式にうまく盛り込むことが、スムーズな融資決定につながる**のです。

創業計画書の書式は、日本政策金融公庫の支店に行くともらえます。また、支店に行かなくても、日本政策金融公庫のホームページにアクセスすると、**ExcelファイルとPDFファイル**でダウンロードできます。

Excelファイルは、そのままパソコン上で文字を入力することが可能です。手書きのほうがいいという方は、PDFファイルをダウンロードしてA3横で印刷して記入すればいいのです。

細かいことですが、A3が印刷できるプリンターがなければ、**A4横で印刷してコンビニなどでA3に拡大コピーする**ことをお勧めします。A4で提出することもできますが、文字が小さくて融資担当者やその上司が読みにくいからです。

Ｅｘｃｅｌファイルに入力した場合でも、電子データで提出するのではなく、紙に印刷しなければなりません。印刷する際はＡ３横のサイズにして、文字がしっかり読めるかどうか確認することが大切です。Ｅｘｃｅｌだと、入力画面では文字が見えても、印刷するとずれたり文字が消えたりすることがあるので、注意が必要です。

Ｅｘｃｅｌと手書きのどちらがいいかに関しては、どちらでも好きなほうでいいと思います。Ｅｘｃｅｌのほうは、訂正や書き直しがやりやすいというメリットがあります。ただし、入力できる箇所が決まっており、セルの高さや幅も調整できないので、記入できる文字数は少なめです。フォントのサイズを小さくすれば多めの文字が入力できますが、それにも限度があります。

手書きだと、細かい文字が書きやすいのと、味がある印象になるのがメリットといえるでしょう。裏技としては、**Ｅｘｃｅｌファイルに入力したものを印刷して、空白に手書き文字を加える**という方法もあります。

現役融資担当者に聞きました「事業計画書は用紙1枚がいいの？」

私は日本政策金融公庫を辞めて5年ほど経つので、ほんとうに創業融資の事業計画書が1枚でいいのか確認するため、現役の融資担当者にヒアリングしてみました。

東京都内の支店にいるMさん、関西の支店にいるNさん、九州の支店にいるKさんの3人です。それぞれのコメントをご紹介します。

【東京の支店　Mさん】

私たち融資担当者は、毎月、多くの申し込み案件を審査する必要があります。創業融資は、起業家を支援するという意味でとても大切だと認識していますが、できるだけスピーディに審査できるほうがありがたいです。そういう意味では、シンプルに1枚の創業計画書で納得できる内容だと助かります。

ときどき「これを読んでください」と分厚い事業計画書をドサッと出される方がいますが、実はそれが一番困ります（笑）。限られた時間の中で、詳細な事業計画書を読むのは正直言ってたいへんです。分厚くて力が入りすぎている事業計画書は、かえって怪しいと思うことさえあります。

面談のときに、「予定のビジネスの内容を説明していただけますでしょうか」とお願いしても、「それに書いてあるとおりです」の一言で終わることがあります。やはり、面談の場でもご自身の言葉で説明していただきたいですね。

【関西の支店　Nさん】

枚数が多い事業計画書だと、稟議書につけて上司へ回しにくいです。ほかにも多くの融資担当者がいるので、起業家から提出された資料をすべて決裁に回すと、膨大な量になってしまいます。そのため回す資料は、必要最低限にしなければなりません。

所定の「創業計画書」は必ず稟議書に添付して回しますが、ほかにパワーポイントで作成した分量がとても多い計画書を出されても、上に回せないことがあります。1枚の「創業計画書」に、簡潔でありながらも説得力のある言葉が記入されているほうが、スムーズな決裁につながります。

例外として、5000万円を超えるような高額の投資計画や「資本性ローン」を申し込む場合などは、どうしても内容が複雑になるので、事業計画書の分量は多くせざるをえないでしょう。でも、ほとんどの起業家の場合、私たち融資担当者は「1枚の創業計画書でうまく語ってほしい」と思うものです。

【九州の支店　Kさん】

たしかに、斬新なビジネスを始める起業家など、事業計画書1枚に収めるのが難しいケースはあります。たとえば、経歴や取扱商品・サービスの内容について、狭い欄に記述しきれない方もいます。その場合は、別紙に書いていただければけっこうです。

別紙をつけるとしたら、Ａ4用紙5枚以内くらいにとどめてほしいです。「創業計画書」の一部という位置づけにできて、稟議書に添付しやすくなるからです。別紙も、文章を長々と書くのではなく、簡潔明瞭にわかりやすく書いてもらうほうが助かります。

5年先くらいまでの数値計画の表をつくる方がいらっしゃいますが、明確な根拠が不明で「数字遊び」に見えてしまうことがあります。足元の半年～1年先の見通しについて、明確に示してもらうほうが納得しやすいものです。

ただし、創業計画書とは別に、収支見通しの根拠など記載内容の裏付けを示す資料があれば、ぜひ面談のときに見せてください。決裁に回せないまでも、融資担当者が納得して稟議書に記入する材料としてとても大切だからです。

このように、現役の融資担当者へのヒアリングでわかったのは、量が多い事業計画書よりも**シンプルかつ説得力ある1枚の「創業計画書」を提出するほうが、スムーズに融資OKの結論を導き出しやすい**ということです。Nさんがいうように、1枚の創業計画書でうまく語ることを目指しましょう。

3つのチェックポイントを意識して創業計画書をつくる

第5章で、融資担当者がチェックするポイントは、「経営者としての資質」「財政状態」「収支見通し」と説明しました。創業計画書をつくる際には、この3つのポイントを念頭に置いて、うまく表現できるように工夫することが大切です。

日本政策金融公庫の創業計画書には、次の8項目の記入欄があります。この比較的少ない項目の中で、融資担当者はどのようにチェックするのでしょうか。

1　創業の動機	5　従業員
2　経営者の略歴等	6　お借入の状況
3　取扱商品・サービス	7　必要な資金と調達方法
4　取引先・取引関係等	8　事業の見通し

まず**「経営者としての資質」は、主に「2　経営者の略歴等」の部分で読み取る**ことになります。これまでの経歴を示すとともに、培ったスキルやノウハウが評価されるような書き方を心がけましょう。

次に、**「財政状態」に関係するのは、「6　お借入の状況」と「7　必要な資金と調達方法」です**。「6　お借入の状況」では、抱えている負債について記入することになります。一方、資産は「7　必要な資金と調達方法」のうち、「自己資金」のところに関係します。資産の一部が自己資金ですから、融資担当者はどれくらいの資産を持っているのか、この部分で類推するとともに、面談で裏付け調査をすることになります。

創業計画書から読み取るチェックポイントのうち「収支見通し」が、もっとも重要です。**「収支見通し」**は、「8　事業の見通し」の部分だけで表すものと思いがちですが、実はそうではありません。**創業計画書全体で表現するもの**だと思ってください。

わかりやすくするために、融資担当者の頭の中を再現してみましょう。居酒屋開業の創業計画書を、融資担当者が面談前に読んでいる場面を想定しています。

【融資担当者が面談前に創業計画書を見て考えたこと】

まず創業動機はと……。「長年の飲食店経験を生かして地元に居酒屋を開業したい」。なるほどね、飲食店の経験を積んでいるようだな。

具体的にはどんな経験なのかな？

経営者の略歴等は……。「大手飲食店チェーン○○で、3店舗に勤務。調理からホールまで一通り経験した」。なるほど。

おや、「○○店で店長を3年間勤める。材料仕入れからオリジナルメニュー開発、従業員採用まで携わる」とある。この人は調理もマネジメントもできる人みたいだ。経営者としての資質が高そうだ。

どんな居酒屋をやるのかな？「取扱商品・サービス」はと……。魚介類を売りにした料理を出すのか。お酒は新潟の銘酒を揃えるとある。うーん。なんとなく行ってみたい店だな。想定しているお客さんは、○○駅周辺の会社に勤めるサラリーマン。ニーズがありそうだ。仕入は市場に加えて、静岡に親戚の漁師がいるのか。新鮮な魚介類を確保できそう。

従業員は2名確保。お店の規模からして妥当だ。借入はとくになし。必要な資金と調達方法は、やや高額投資だけど、3分の1の自己資金があるし、無理はなさそうだ。「事業の見通し」は……。ウィークデーと週末に分けて予測してある。飲食店の経営能力が高そうだし、立地条件や料理や酒の魅力から考えると、実現できそうだ。

融資担当者はこんな具合に創業計画書を読み取って、収支見通しの妥当性を検討しようとします。首尾よく融資を受けるためには、こうした融資担当者の視点を意識して、首尾一貫した創業計画書を練り上げることが重要です。

見られることを意識して美しくメイクしよう

融資を受けるための事業計画書は、自分が見るだけではなく、人に見せて評価してもらうことになります。審査をパスするという目的を達成するには、できるだけ高い評価を受けなければなりません。

そのためには、女性が化粧をするように、男性だって大切な人に会うときに身だしなみを整えるように、見られることを意識して魅力的につくりあげることが重要なのです。

女性の化粧にたとえると、「チャームポイントは引き立てる」「気になるところはうまくカバーする」ということです。ただし、「スッピンとは違いすぎないように」という留意点もあります。ハリウッドの特殊メイクのようにほんとうの姿とかけ離れてしまうこと、つまり嘘を書くのはNGです。

具体的には、次のような点を意識して書くことが有効です。

ポイント① 細かいところも漏れなく記入する

融資担当者やその上司が創業計画書を見たときに、細かい部分も漏れなく書いてあるほうが、「この起業家はきっちりしている」という印象を与えます。

例を挙げると、冒頭にある作成の日付、「3 取扱商品・サービス」の「売上シェア」、「4 取引先・取引関係等」の「人件費の支払」の欄などは、空白になりがちです。これらを漏れないように記入すると、細かい部分もおろそかにしない姿勢を示すことができます。

ポイント② 記入欄を最大限に活用する

創業計画書は全体的に記入欄が狭いのですが、スペースを最大限に活用して簡潔明瞭に書くことが大切です。たとえば「8　事業の見通し」の右側部分に、売上高や売上原価などの根拠を記入する欄があります。この狭い欄に、**「創業当初」と「軌道に乗った後」それぞれの根拠が明確に読み取れるように工夫する**ことが必要です。

ポイント③　読みやすい表現を心がける

読み手が理解しやすいように、平易な表現で記入します。IT業界などは専門用語を多用しがちですが、融資担当者が理解できない懸念があります。**専門用語には、「カッコ書きで解説を加える」「ほかの表現に言い換える」**といった方法でわかりやすくしましょう。

ポイント④　強みを明確に主張する

金融機関は、「起業が成功するカギの1つは独自の強みを持っているかどうかである」と認識しています。創業計画書の中で、独自の強みが感じられるよう工夫して書いてみてください。

とくに**「2　経営者の略歴等」「3　取扱商品・サービス」の欄がポイント**です。

また「4　取引先・取引関係等」の欄に、起業前から優良な取引先を確保していることを明記できると、「取引先基盤を確立している」という評価を受けることができます。

ポイント⑤　弱みはほかの材料でカバーする

起業家が、何か弱みを持っている場合は、ほかの材料でカバーするよう意識して創業計画書をつくってください。

たとえば、若い起業家だと経歴が浅いので、「経営者としての資質」の面で弱みになります。その場合は**「3　取扱商品・サービス」や「8　事業の見通し」の欄で、ビジネスモデルの秀逸さや収支見通しの実現可能性を強調する**ことでカバーできます。

第 7 章

「創業計画書」左側の記入方法

「1　創業の動機」の攻略法

創業計画書の冒頭には「創業の動機」（創業されるのは、どのような目的、動機からですか。）という欄があります。起業に関する書籍や創業セミナーなどでは「この事業に対する熱い思い、信念や意欲、ミッションを書きましょう」と教えていることが多いと思います。

ここで、日本政策金融公庫で5000名以上の起業家への融資を担当した私が、ショッキングな事実をお伝えしましょう。実は、**融資担当者は、この「創業の動機」欄をあまり見ていません**。それほど重視していないということです。事業に対する熱い思いが書いてあったとしても、「なるほど、そうですか」と思う程度で読み流してしまいます。

あなたは、「金融機関の人はドライだ」と思うかもしれません。しかし、融資の可否を判断する融資担当者の立場では、どうしても冷静な見方になってしまいます。むしろ、熱く書いてあればあるほど、「大丈夫かな」と不安になることさえあ

1　**創業の動機（創業されるのは、どのような目的、動機からですか。）**

	公庫処理欄

るのです。

よくみられるのは、「○○で困っている人たちを助けたい」といった社会貢献への意欲です。それ自体は立派なことだと理解しながらも、「思いだけでは商売にならない。果たして十分な収益は出せるのか？」という疑問のほうが大きくなります（誤解を避けるためにコメントしておきますが、社会貢献に資する事業で、かつ継続できる事業であれば、「社会起業家」として積極的に融資すべき対象とされています）。

次の記入事例を見てください。

【飲食店開業の例】

自分がかつてストレスや食生活の乱れで身体を壊し、会社を1年間休んだ経験から、食生活の大切さを痛感した。サラリーマンが昼食をファストフードなどで簡単に済ませているのを見て、とても心配になった。そこで、安心かつ栄養価の高いランチを提供するお店を出して、みなさまの健康のためにお役に立ちたいと思った。

あなたは、これを読んでどう思いますか？

身体を壊したことがきっかけだとしても、事業経営には体力が必要ですから、あえて記入してもプラスにはなりません。

「みなさまの健康のためにお役に立ちたいと思った」とありますが、融資担当者は「動機としてわからないわけではないが、飲食店はそんなに簡単にはいかないでしょう」と思ってしまうのが普通です。

これは極端な例ですが、これに近い記載をしている方が多いのが実態です。

それでは、「創業の動機」には何を書くべきでしょうか？

融資担当者が重視しないのは、書いてあることを読んで「審査判断には関係ない内容だ」と思うからです。つまり**「審査判断に関係ある内容」を書けば、重要項目として捉えてくれる**のです。具体的には、次のようなポイントを意識して盛り込むのが効果的です。

ポイント① ビジネスプランの概略が読みとれる内容にする

融資担当者は、まず計画の概要を知りたいと思うものですが、創業計画書全体を読んでもよく理解できないことがあります。そこで、冒頭にある**「創業の動機」で概略が一目瞭然に把握できる**と、ビジネスプラン全体をスムーズに理解してもらえます。

ポイント② 経験を生かせるビジネスであることを明記する

金融機関は、「経験を生かせるビジネスが成功する」という経験則を持っているので、培ったスキルやノウハウに関連する事業だということを書くと有効です。

ポイント③　新規性や独自の強みを示す

新規性や独自の強みがあれば、客観的事実とともに記入します。

ポイント④　顧客確保のめどがついていることを示す

すでにお客様を確保する見通しがある人は、審査で大きなプラス材料になりますので、目立つように書くことをお勧めします。

ポイント⑤　起業の準備に取り組んだことを書く

起業するために真剣に準備した経緯があれば、具体的に書くといいでしょう。
たとえば「起業セミナーや起業のためのビジネススクールに通った」「人脈づくりに取り組んだ」「独自の仕入ルートを確保することに取り組んだ」などです。

これらのポイントを押さえた良好な記入事例をご紹介します。

【飲食店】

これまで飲食店勤務（和食2店舗、イタリアン3店舗）で、調理からホールまで一通り経験した。数年前から独立を目指して飲食店経営について勉強していたところ、直近ではイタリアンの店で3年間店長を務める経験もできた。今回○○駅近くに最適な物件を確保できたので、ワインと肉料理に特徴のあるイタリアンバルを開業する。

飲食店の経験が豊富であることがわかり、店長もしているのでマネジメント能力も評価できます。また「ワインと肉料理に特徴のある」という表現が、「どんな特徴だろう?」と読み手である融資担当者の興味を引く効果があります。

【製造業】

家電メーカーの○○株式会社にエンジニアとして10年間勤務し培った技術を生かしてこれまでにない新方式の△△を開発することに成功した。エンジニア2名と営業担当者1名の人材、および高品質の製造ができる外注先も確保できた。すでに特許も申請して、大企業3社と取引できるめどもついたので、今回起業することを決意した。

大手メーカーのエンジニアとして培った技術を生かして、「これまでにない新方式」の製品を開発したことがわかります。人材と外注先を確保していることで、生産体制が整ったことも明確です。「特許を申請している」だけでは売れるかどうかが不明ですが、大企業と取引できるめどがついている点が強烈なアピールになります。

【学習塾】
学生時代の４年間、家庭教師や塾講師のバイトを続けているうちに、教育に関連することで起業したいと思った。卒業後は銀行に５年間勤務し法人営業などを担当した。その間も起業を志し、取引先の社長から事業経営について話を聞き、○○商工会議所の起業セミナーに通うなどして起業の準備を進め、今回学習塾の開業を決意した。

学生時代のアルバイト経験をもとに学習塾を開業するというものですが、社会人では銀行員だったので、融資担当者が「なぜ学習塾？」と疑問に思います。学習塾は競合が激しい業界なので、成功するためには何らかの強みが必要です。

銀行で法人営業をしていた人なら、業界の厳しさは知っているはずです。記載内容だけではいろいろと疑問が湧きますが、融資担当者に「いったいどんな学習塾をやるのだろう」と、好奇心を抱かせる効果があります。

また、起業セミナーなどへ通って経営者になる準備をしていることは、「経営者としての資質」の評価につながります。

【エステサロン】

エステやリラクゼーションサロンに8年間従事して、施術の技術を磨くとともにお客様をリピーターにする工夫を実践した。その結果、今の勤務先では約150名のお客様からご指名をいただけるようになった。以前から自分のサロンの開業を考えていたところ、「お店ができたら行きます」という方を80名以上確保できたので開業を決意した。

「お客様をリピーターにする工夫とは何ですか?」「多くの指名客を獲得できたのはなぜですか?」と質問したくなる内容です。エステサロンやリラクゼーションサロンも競合が激しいので、いかにお客様を確保するかが成否を分けるカギです。

見込み客を80名以上確保できたとあり、準備万端という雰囲気です。このように**具体的な数を書くと、説得力が増します**。ただし、それが希望的観測ではなく、実態を伴っていることを証明する必要があります。

【訪問看護】
これまで6年間、看護師として病院に勤務して、医師や看護師が必ずしも患者へ親身に接していない実態を目の当たりにした。私は、自分なりに親切丁寧な看護を実践したところ、とくに高齢の患者から信頼されるようになった。そこで、経験を生かした患者様第一の訪問看護を目指し、看護師の人材も確保できたので起業を決意した。

この人は、看護師経験で自分が信じる看護スタイルを確立し、それを生かした訪問看護ステーションを起業したいということで、応援したくなる内容ですね。介護ビジネスは人材の確保が大きな課題ですが、それをクリアしているので実現可能性も高いことがわかります。

「創業の動機」欄は、融資担当者が最初に見る部分です。以上の事例のように、ポイントを押さえた記載をすれば、スルーされずに読んでもらえます。工夫して書くことによって、融資担当者に効果的なファーストインプレッションを与えることができるのです。

「2 経営者の略歴等」の攻略法

「経営者の略歴等」には、経歴を記入する欄と「過去の事業経験」「取得資格」「知的財産権等」という欄があります。

まず、もっとも重要な経歴を記入する欄について説明します。ここは「経営者の資質」を示すことを念頭に置いて記入してください。

最初に、次の記入事例をご覧ください。

【洋風居酒屋開業の計画】

年月	内容
平成○年○月～	居酒屋○×△3年勤務（学生時代のアルバイト先にそのまま勤務）
平成○年○月～	ダイニングキッチン○○（洋風居酒屋チェーン）9年勤務

2　経営者の略歴等

	年月	内容	公庫処理欄
経営者の略歴			
	過去の事業経験	□事業を経営していたことはない。 □事業を経営していたことがあり、現在もその事業を続けている。 □事業を経営していたことがあるが、既にその事業をやめている。 （⇒やめた時期：　　年　　月）	
	取得資格	□特になし　□有（　　）	
	知的財産権等	□特になし　□有（　　（□申請中　□登録済））	

	3年前から店長（現在の月給30万円）
平成○年○月	退職予定（退職金70万円）

実は、これは日本政策金融公庫のホームページに掲載されている記入例です。

履歴書風の時系列な記載になっています。記入例として紹介されているので、「悪い例」とまではいえませんが、あまり「経営者としての資質」が響いてきません。

この記載内容を読むと、飲食店経験が長く店長を務めたことがわかり、洋風居酒屋を開業するノウハウはありそうです。しかし、培ったスキルやノウハウについて、具体的に見えてきません。もちろん、融資担当者との面談時に口頭で詳しく説明できますが、工夫して記載すれば事前に理解してもらえます。

ちなみにＥｘｃｅｌの創業計画書では、「内容」のフォントはデフォルトで「ＭＳゴシック」10・5ポイントになっており、印刷を考慮すると1行28文字程度が限界です。そこで、8ポイントに変更すると、39文字ほどになり、多く記入することができます。

経歴欄で、「経営者としての資質」をうまく示すためには、予定している事業を行うのに資するスキルや、強みとなる能力を示せる部分を強調することが大切です。

それでは、良好な記入事例をご紹介します。

【映像制作業】

年　月	内　容
平成18年4月～	（株）〇〇（広告代理業）に約8年間勤務。企業のチラシ、パンフレット、ノベルティの営業を担当。最終は係長を務める。直接担当した企業は、大手では「△△株式会社」がある。ターゲット顧客を掘り下げる広告により、クライアントから好評を博した。
平成26年4月～	（株）▽▽▽（映像制作業）に約1年間勤務（年収約600万円）クライアント企業の売上を伸ばすのに効果的な映像を制作するスキルを学んだ。
平成28年4月	勤務先を退職し起業する予定。

この起業家は、広告代理業に勤務していたとき、大企業の広告制作を担当して、クライアントから好評を博したとアピールしています。起業する事業は、映像制作で広告代理業での経験が生かせると推測できます。

直近では短期間ながらも、映像制作業に勤務した実績があり、年収も高めです。直近の収入状況は、融資担当者が自己資金との関連性を見る材料になります。**月収でも年収でもいいので、必ず記入する**ようにしてください。

【コンピュータシステム開発業】

年　月	内　容
平成19年3月	○○大学工学部卒業　学生時代は航空力学について学ぶ。
平成19年4月～	（株）○○（自動車メーカー）に5年間勤務し大型トラックの開発（設計）
	に携わった。
平成24年8月～	コンピュータシステムの将来性を感じて（株）△△（システム開発）に
	転職し、主に金融機関の基幹システム開発を行った。
	2年間勤めた頃からPMを任されるようになり自信がつく。
	（昨年の年収は700万円）
平成28年1月	勤務先を退職。法人を設立し起業した。

この起業家の場合は、最初に自動車メーカーでエンジニアとして仕事をした後に、システム会社に転職しています。金融機関のシステム開発に携わり、プロジェクトマネージャーの経験

もあることから、技術とマネジメント能力の高さをアピールできています。

ちなみに、**学歴については、できるだけ書いたほうがいい**と思います。とくに始める事業に関連する技術や知識を学んだ学校や留学先があるなら、自分の強みを示す1つの材料になることもあり、「経営者としての資質」においてプラスになります。

最近はＩＴ系の事業で起業する方が増えています。ＩＴといっても、システム開発、ＷＥＢ系、アプリ開発など多種多様ですが、金融機関の担当者はＩＴについて詳しくありません。経歴についても、どんなＩＴスキルを培ってきたのか、わかりやすく記載することが大切です。

ＩＴ起業家の中には、必ずしもＩＴの仕事に携わっておらず、独学でスキルを習得したという人も少なくありません。たとえば、メーカーに勤務しながら、自分でポータルサイトを運営してきたという人もいます。予定している事業と経歴の関連が少ない場合は、そのあたりもオープンに記載しなければ、融資担当者は理解できませんので、ご注意ください。

【飲食業（ワインバー）】

年月	内容
平成18年3月	○○調理師専門学校を卒業。
平成18年4月～	東京都内の○○ホテルに就職。レストラン部門でホールスタッフとして

	2年修行した。
	その後、調理担当としてフレンチを中心に料理を覚えた。ワインの知識
	を深める勉強をし、平成20年にソムリエの資格を取得した。
	ホテルには約6年勤務した。
平成24年12月～	起業を志し、ダイニングバー3店舗に従事し、料理の幅を広げた。年収
	400万円程度。
平成28年4月	現勤務先を退職し、○○駅近くでワインバーを開業予定。

この人は、最初は一流ホテルに勤めて調理やワインに関する技術を磨いたことがわかります。ソムリエの資格も取得しているので、今回のワインバー開業計画が納得できます。しかも、起業を志し、料理のバリエーションを拡げるために、一流のホテルを辞めて複数のダイニングバーに勤めたということです。起業に向けて真剣に準備した「熱意」と「覚悟」を強く感じることができます。

飲食店の開業を目指す人には、多くの店を渡り歩いた方が少なくありません。いつどこに勤めていたかすぐに思い出せない人がいますが、しっかりと思い出して、**どんな店に勤めたか記入する**ことをお勧めします。書ききれなければ、別紙に記入するのもやむをえないと思います。

昔は、融資担当者が転職の多い人を見て、「職を転々として定着性がない人」と判断することがありました。しかし、今はそうした短絡的な判断をすることはなく、それぞれの職場でどんな技術を養ったのかを明記すれば、「起業に向けて腕を磨いた人」という評価になります。

このように、「経営者の略歴」については、起業家によって千差万別ですが、予定している事業に資する経験や実績をアピールする欄です。ぜひ工夫して記入してください。

「過去の事業経験」欄の書き方

この欄がある理由は、主に「再挑戦支援資金（再チャレンジ支援融資）」の対象になるかどうかをチェックするためです。過去に事業をしていた人で、廃業あるいは倒産して再度起業する場合の融資制度です。

また、「事業を経営したことがあり、現在もその事業を続けている」というチェック項目は、たとえばフリーランスで数年やっていて個人事業主として税務申告をしている人が、本格的に事業を開始するケースなどを判別するためのものです。ご本人は「起業」「創業」と思っても、日本政策金融公庫の定義では継続事業の判定になる場合があり、その際は創業融資ではない融資制度になります。

創業融資に該当しないというと不安になる方がいらっしゃるのですが、心配はご無用です。**継続企業向けの融資制度にも、創業融資と同等に有利な制度がある**からです。

「取得資格」欄の書き方

「取得資格」の欄は、事業に関係する資格や認可を記入しましょう。

たとえば、普通自動車免許は通常関係ありませんので記入不要ですが、個人タクシーなど第二種免許が必要な業種は持っていることを記入してください。

そのほか、資格が必要な業種、税理士などの士業、理美容業、中古品販売などは、該当する資格を持っていることを明記しましょう。まれにご本人は持っておらず、「役員や雇用予定の社員が持っている」という方がいますが、その場合は融資を受けられる可能性がかなり低くなります。万一、資格保持者がいなくなると、事業継続できなくなる懸念があるからです。

この欄は基本的には公的な資格を記入する部分ですが、民間資格であっても技能の高さや競争優位性を示せるものであれば記入したほうがいいと思います。

「知的財産権等」欄の書き方

「知的財産権等」という欄が最近設けられました。

これは、創業融資の中で「技術・ノウハウに新規性が見られる方」だと低利の特別利率になる場合があり、これに該当するかどうかをチェックするための欄です。**特許権や実用新案権などがある場合は、忘れずに記入する**ことをお勧めします。

「3　取扱商品・サービス」の攻略法

この項目では、予定しているビジネスの内容を端的に表現することが必要です。「取扱商品・サービスの内容」と「セールスポイント」の2つの欄だけなので、ビジネスモデル全体を説明するのは容易ではありません

3　取扱商品・サービス

		公庫処理欄
取扱商品・サービスの内容	①　（売上シェア　%）	
	②　（売上シェア　%）	
	③　（売上シェア　%）	
セールスポイント		

が、工夫次第でわかりやすくすることができます。重要なポイントは、**事業内容が魅力的で具体的にイメージできる記載をする**ことです。

まずは、日本政策金融公庫のホームページで紹介されている記入例をご覧ください。

【学習塾の記入例】

取扱商品サービスの内容	①英語（英文法、長文読解等）　（売上シェア82％） 小学生、中学生、高校生対象　1コマ60～90分、2000～3000円／コマ ②英会話（幼児教室、日常会話等）　（売上シェア18％） 月4回、月謝制1万2000円
セールスポイント	・英文法をより感覚的に捉えられるように教える ・生徒一人一人のレベルに合うよう、個別指導の時間に力を入れる

さあ、これを見てどのような印象を受けますか？

英語を専門に教える塾だということがわかり、その点は特徴があります。でも「セールスポイント」の欄に書いてあることは、あまりインパクトがありませんね。

「英文法をより感覚的に捉えられるように教える」に何らかの秘密がありそうですが、抽象的でピンときません。「個別指導の時間に力を入れる」は、多くの塾がアピールしていることなので、ありふれている感じが強いですね。残念ながら、これでは融資担当者に「魅力的な英語塾で事業として成り立つ」と思わせることはできません。

それでは、この事例を改善してみましょう。


【学習塾の記入事例を改善したもの】

取扱商品サービスの内容	①受験英語指導（英文法、長文読解、ヒアリング）（売上シェア82％） 英語が苦手な中高校生の英語力を徹底強化　2000〜3000円／コマ ②会話（日常会話、TOEIC受験、海外赴任）（売上シェア10％） 簡単な英会話から海外赴任予定者までレベル別　月４回（1万2000円） ③幼児向け英会話（3〜5歳）（売上シェア8％） 親御さんと一緒に遊んで英会話を学ぶ場を提供　月４回（1万2000円）

セールスポイント	・英文法を7枚のカードで簡単に理解できる独自メソッドを使用 ・予備校講師時に実績を上げた漫画を活用する方法でやる気を高める ・すでに予約申し込みあり（TOEIC受験5名、幼児向け英会話8名）

なんとなく魅力的な英語塾に見えませんか？

「取扱商品・サービスの内容」は、顧客ターゲットごとの3本の柱にしています。「セールスポイント」は、「7枚のカードで英文法を理解できる」「漫画を活用してやる気を高める」とあり、一般的な英語塾と比べて特色が表れています。どんな内容なのか詳しく聞きたくなりますね。

さらに、**「すでに予約申し込みあり」というキラーワード**まであります。きっと融資担当者が「おっ、開業前なのにもう予約があるのか！」と注目するに違いありません。

これは、厳密には商品やサービスのセールスポイントではありませんが、間接的に事業の魅力の高さや集客力の強さをアピールできます。創業計画書の最後にある「事業の見通し」の欄の売上予測を裏付ける材料にもなります。

このように、「取扱商品・サービスの内容」の欄は、同じ計画でも書き方の工夫次第でインパクトに大きな差が出てくるのです。事業内容が具体的にイメージできて、競争力の源泉となるセールスポイントを明記することが大切です。

融資を受けるためだけでなく、起業して事業を軌道に乗せるためには、特色あるビジネスモデルを構築することが欠かせません。この欄を魅力的に書くには、ビジネスモデルを徹底的にブラッシュアップすることが重要なのです。

次に、魅力的に書くコツをご説明します。

「取扱商品・サービスの内容」欄の書き方

まず、上段の「取扱商品・サービスの内容」は、次のようなポイントを意識してください。

ポイント① 「誰に何をどのように」提供するのかがわかるようにする

「ターゲットとする顧客は誰か」「何を売るのか」「どのように（実店舗、インターネット、出張サービスなど）」がわかるように表現します。

ポイント② 事業部門がたくさんあっても代表的な3つに絞る

たくさんある事業アイデアをすべて書いてしまうと「アイデア先行の思い付き計画」と酷評される可能性があります。優先的に実施する3つに絞って記入するほうがいいのです。

ポイント③ 料金（価格）単価を記入する

融資担当者が具体的にイメージできるようにするため、**料金単価は必ず書いてください**。飲食店など提供する商品が多い場合は、別途「メニュー表」「価格表」を提出してもいいですが、平均単価を明記すると、さらにわかりやすくなります。

ポイント④ 商品・サービスの特色を出す

できるだけ商品・サービスの独自色を出せる表現を心がけてください。たとえば、イタリアンレストランの場合「パスタ各種」よりも、「駿河湾の新鮮魚介を使った6種のパスタ」のほうが特徴的でおいしそうなパスタをイメージできます。

ポイント⑤ 融資担当者が理解できる表現にする

とくにＩＴ系など斬新なビジネスは、融資担当者が詳しくないので理解されにくいものです。

業界用語や専門用語は極力使わず、誰でもわかる表現を心がけてください。

ポイント⑥「経営者の略歴」との関連性がわかるようにする

これまでの経験でどんなスキルを培い、それをどう生かすビジネスなのか、「経営者の略歴」欄から違和感なく理解できることが望ましいです。もし携わった経験がないビジネスで起業する場合は、**足りないスキルやノウハウをどうやって補ったかを「経営者の略歴」で説明しておく**と、説得力があります。

たとえば、フランチャイズでコンビニエンスストアを始める場合は、「会社員時代の取引先にコンビニが多かったので、ノウハウを教えてもらった」「修行と思い、コンビニで3カ月間アルバイトをした」など、独自に準備したことがあると経験不足を補うことができます。

「セールスポイント」欄の書き方

この欄は、商品・サービスやビジネスモデルの強みを書くことによって、事業が成功する可能性の高さを示すための欄です。「事業の見通し」の売上予測に大いに関係するので、非常に大切な部分です。また、お客様を確保できる見込みが記入できると、絵に描いた餅ではなく、実態を伴う強みであることをアピールできます。

次の3つのポイントを意識して記入してください。

ポイント① 商品・サービスまたはビジネスモデルの強みを表現する

次のような観点で魅力や競争力を記載してください。

- **ほかの人や企業にはない商品やサービス**
- **ニッチ（隙間市場）を狙うもの**
- **経験で培ったスキルやノウハウを発揮できる**
- **独自の仕入れルートを確保している**
- **海外など新たな市場を開拓できる**
- **特許など知的財産権を持っている**
- **大学や大企業と共同開発している**

ポイント② 客観的な視点かつ具体的な表現にする

セールスポイントというと、つい提供者側の主観的で抽象的な書き方をして、売れない広告のキャッチコピーのようになりがちです。融資担当者は稟議書に上司が納得できる表現で書く必要があるので、主観的で抽象的な表現ではなく、客観的かつ具体的な表現が有効です。それでは、NGな例と良好な例をご紹介します。

【NGな例：主観的・抽象的な表現】

(美容院)

・ハイクオリティなサービスでお客様へ満足を提供する

(カフェ)

・くつろげる雰囲気で子育て中のママさんたちの憩いの場にする

(整骨院)

・患者一人ひとりの症状に合わせた施術を行う

(居酒屋)

・こだわりの料理と酒でサラリーマンのお客様をつかむ

(システム開発)

・クライアント企業に最適なITソリューションを提供できる

【良好な例：客観的・具体的な表現】

（訪問介護）

・代表者である私と職員2名の全員が、10年以上介護業界に従事して経験を積んでいる

・職員全員が国家資格である「介護福祉士」の資格を持っている

（エステサロン）

・前職時代に固定客を2・5倍に増やしたノウハウを生かし、顧客リストを活用したマーケティングでお客様を確保できる

（和食店）

・叔父が漁師をしており、新鮮な魚介類を市場よりも2割ほど安く入手できるので、お客様に料理を安く提供できる

（WEBサイト制作）

・これまで制作した6社の通販サイトのすべてが、大手ショッピングモールで上位の売上を達成した

（輸入雑貨販売）

・商社時代の海外勤務経験から、ヨーロッパの現地バイヤーとのパイプがあり、希少価値のある商品を仕入れることができる

ポイント③　顧客確保のめどがあることについて触れる

融資担当者がもっとも避けたいと思うのは、創業融資を実行して短期間に返済ができなくなることです。

「お客さんは起業してから集めます」では、融資するのを躊躇してしまいますが、すぐに顧客を確保できるめどがついている起業家なら、とても安心感があるのです。

実際、起業してゼロから集客する状態だと、軌道に乗るまでに時間がかかるので、すぐに窮地に陥る可能性があります。なんとか顧客確保のめどをつけておくことが、首尾よく融資を受けるだけでなく、起業を成功させるためにも重要なのです。

ぜひ、あなたも**「セールスポイント」の欄に顧客確保のめどを記入できるようにしてください**。次のような観点で記入すると明快な表現になります。

・すでにお客様を確保していること

起業前にすでに販売先を確保している場合は、大きな強みになるので、明記することをお勧めします。

・多くのお客様候補者がいること

たとえば、美容業で「勤務時代の指名客リストが200人分あり、開業したら3分の1は来てくださる見込み」といった記載ができると説得力があります。

・会社勤務時に高い営業実績を上げたこと

たとえば、営業成績が優れて社長賞をもらった実績などがあれば、「起業後に顧客確保する能力が高い」と見てくれるでしょう。

・独自の販売（集客）チャネルを持っていること

業界の人脈など販売先確保のチャネルがあれば、具体的に記入します。

・綿密な市場調査を行った結果を記載

飲食店など立地条件が重要な業種業態は、商圏とするエリアについて、顧客の分布や競合先などの市場調査を行った結果を記載すると、売上見込みの裏付けになります。

「4　取引先・取引関係等」の攻略法

この欄は、「事業が成立するために必要な取引先を確保しているかどうか」をチェックするために設けられています。取引先とは、販売先、仕入先、外注先の3つです。実際のビジネスでは、ほかにも顧客紹介や業務提携などアライアンスを組む先が存在することがありますが、審査判断に重要な3種類の取引先に絞って書くことが求められているのです。

「販売先」とは、商品・サービスを売る相手であるお客様のことです。「仕入先」は、商品や原材料などを購入する先です。「外注先」とは、業務を外部に委託する先のことです。

「販売先」が存在しないビジネスはありえませんが、

4　取引先・取引関係等

	フリガナ 取引先名 （所在地等）	シェア	掛取引の割合	回収・支払の条件		公庫処理欄
販売先	（　　　）	%	%	日〆	日回収	
	（　　　）	%	%	日〆	日回収	
	ほか　社	%	%	日〆	日回収	
仕入先	（　　　）	%	%	日〆	日支払	
	（　　　）	%	%	日〆	日支払	
	ほか　社	%	%	日〆	日支払	
外注先	（　　　）	%	%	日〆	日支払	
	ほか　社	%	%	日〆	日支払	
人件費の支払	日〆			日支払（ボーナスの支給月	月、　月）	

「仕入先」や「外注先」はない場合もあります。

横の列には、販売先、仕入先、外注先それぞれについて「取引先名（所在地等）」「シェア」「掛取引の割合」「回収・支払の条件」を記入する欄があります。「シェア」は、販売先であれば売上の何％を占める見込みかを記入します。「掛取引の割合」とは、代金を後日にもらう（支払う）取引の割合のことです。

「回収・支払の条件」は、具体的なお金の受け渡しの条件のことです。飲食店や美容院などの業種は、一部のクレジットカード決済を除けば「即金」になります。BtoBの事業の場合は、「月末〆翌月末回収」のように後でもらう条件になるケースが多くなります。創業融資を首尾よく受けるためには、見込みの取引先を明確にするだけではなく、回収や支払いの条件も詰めておく必要があるのです。

この欄で目指すべきことは、**できるだけ明確に特定した固有名詞を記入すること**です。前述したとおり、起業前から具体的な取引先を確保しているかどうかは、融資判断を大きく左右するからです。飲食店など多くの一般個人をお客様とする業種でも、どんな顧客層を見込んでいるのか、より特定した表現をすることが大切です。

また、日本政策金融公庫のホームページに掲載してある「記入例」には、次のようなコメントがあり、それにうまく対応することが審査でプラスに働きます。

①販売先・仕入先との結びつきがあれば記入してください
②契約書・注文書などがあれば添付してください
③販売・仕入条件について確認しておく必要があります
④立地選定理由についても触れてください

それぞれコメントの意味と対応方法について解説します。

①販売先・仕入先との結びつきがあれば記入してください

たとえば「前勤務先」や「兄が経営」など、取引する相手と何か強い関係があれば記入するという意味です。これを記入する理由は、2つあると推測されます。

1つは、起業当初から取引できる理由が納得できること。2つ目は、つながりが強い先だと、円滑かつ安定的な取引ができると判断できること。

この「結びつき」は、無理にこじつける必要はなく、前勤務先や地縁血縁などで密接な関係がある場合にのみ書く姿勢でいいでしょう。

②契約書・注文書などがあれば添付してください

「販売先」について、契約書や先方からの注文書があれば、信憑性が格段に高まります。起業前から契約書や注文書があることは少ないですが、何か裏付けになる資料を提示できると、融資が大きく前進します。なお、これらの資料を提示するのは、融資担当者との面談のときでもかまいません。

③販売・仕入条件について確認しておく必要があります

「回収・支払の条件」欄を書くために、予定している取引先に確認しておく必要があるという意味です。

④立地選定理由についても触れてください

飲食店や美容院など、立地条件が重要なビジネスの場合、店や拠点の場所（物件）を選んだ理由を書くという意味です。立地条件は売上予測に大いに関係するので、明確な判断基準に基づいて選んだかどうかが審査ポイントになります。

それでは、「販売先」「仕入先」「外注先」の記入上のポイントを説明します。

「販売先」欄の書き方

販売先、つまり見込客について書く欄です。ここでは、次の3つのポイントを意識して記入してください。

ポイント① 具体的に記入する

審査をパスするには、この欄を具体的に記入することが欠かせません。そのため、融資申し込みまでに、見込客のめどをつけておくことが重要なのです。

たとえば、BtoBのビジネスの場合、「○○県内の中小企業等」という漠然とした表現になっているのと「(株)上野」と会社名が記入されているのを比べると、圧倒的に後者のほうが説得力を持っています。

もし、まだ販売先が決まっていない場合は、今後アプローチをする予定のいくつかの候補先の中から、実現可能性が高いと思う企業の固有名詞を書くことをお勧めします。

飲食店などBtoC(企業と消費者の取引)のビジネスでも、「一般個人」とするのではなく

「○○駅周辺に勤める若いビジネスマン」とターゲットを絞った表現にするほうが、コンセプトが際立つため、審査でプラスになります。

ポイント②　販売先の信用状況に留意する

BtoBのビジネスの場合、見込み販売先の固有名詞を記入すべきですが、留意すべき点があります。

回収条件が「即金」ではなく、「掛取引」が主体の場合は、販売先の信用状況が審査ポイントの1つになるということです。信用に不安がある取引先だと、商品やサービスを販売しても回収予定日にお金をもらえないリスクがあるからです。

融資担当者は、販売先に「(株) 上野」と書いてあれば、日本政策金融公庫内部のデータベースやインターネットを検索して調べます。万一、(株) 上野について、融資の返済が遅れているなど信用面でマイナスの情報があると、不安視される可能性があります。

融資申込みの有無にかかわらず、**販売先を選ぶ際には注意が必要**です。長年続く企業では、販売先の信用リスク管理は重要な仕事の1つになっています。これから起業する人も例外ではありません。「あなたが起業したら、うちの会社が取引するよ」という企業が出現すると、とても嬉しいものですが、安易に掛取引で売ることにしてはいけません。可能な限り、人に聞くなどして情報を集め、相手先の信用状況をチェックすることが重要です。

そのためには、業界の人脈をうまく構築しておくことが有効です。業界の中では、「株式会社○○は経営が厳しいようだから気をつけろ」という情報が出回るからです。

ポイント③　実現可能性を説明できるようにしておく

融資担当者は、記入された販売先との取引がほんとうに実現するのか、裏付けを取ろうとします。もしも希望的観測で記入されているにすぎず、実現可能性が低いなら、収支見通しが怪しくなるからです。

契約書や発注書があるのが理想ですが、なければ相手先とのメールのやりとりなど商談の経緯がわかる資料を探して、審査面談時に提示するといいでしょう。それとともに、審査面談時に口頭で、取引が見込める背景や取引金額の見通しについて、具体的に説明できるように準備することが大切です。

また、ＢtoＣのビジネスの場合、販売先は「一般個人」とすることが多いですが、「起業したら不特定多数の人を集めます」では雲をつかむような計画になってしまいます。融資申し込みまでに、「この方々が見込客です」と固有名詞を出せる人たちを、できるだけ数多く示せると、説得力が高まります。

「仕入先」欄の書き方

「仕入先」は、飲食店や中古車販売など、仕入が必要な事業の場合にのみ記入します。ここでのポイントは3つあります。

ポイント① 安定的で好条件の仕入先を確保する

販売先と同様に、仕入先も固有名詞を記入してください。そのため、融資の申し込みまでに、商品や材料ごとにいくつかの業者に当たっておく必要があります。たとえば居酒屋開業の計画だと、肉、魚、野菜、酒類などに分けて明記するのです。

仕入先を選定する際に大切な基準の第1は、商品や材料の品質とコストパフォーマンスです。「いいものを安く仕入れて付加価値をつけて販売する」というのが商売の鉄則です。

第2の基準は、安定的かつスピーディに供給してくれるかどうかです。必要なときに必要なものを入手できなければ、自分の店の商品が頻繁に欠品してしまい、お客様からの信用を失うことになります。

第3の基準、「取引の条件」も重要です。

最小ロットが大きく、前金で支払うことを求められる仕入先だと、資金繰りが非常にタイトになります。起業当初は信用がないので、掛取引をなかなか認めてくれないのが普通です。でもあきらめずに交渉して、小ロットでも後払いで納品してくれる仕入先を確保できると、起業後の資金繰りが楽になります。

ポイント②　取扱商品やコンセプトに合致する仕入先か

事業を軌道に乗せられる起業家は、取扱商品やコンセプトに特徴と強みがあります。当然、商品や材料の仕入先も事業の強みを構成する基盤となるため、それに見合うところである必要があります。

たとえば、飲食店で「オーガニック食材を使う」と書いているのに、仕入先が「業務用スーパー」では理屈に合わないですね。コンセプトに合う材料や商品を安定して入手できる仕入先を確保することが欠かせません。

ポイント③　代理店やFC加盟によるビジネスの留意点

何か特殊な商品を販売する代理店になるなど、仕入先に大きく依存するビジネスがあります。

フランチャイズチェーンに加盟して行うビジネスもそうですね。多くの場合、先に加盟金や取引保証金を支払う必要があり、商品仕入は本部指定の企業に限定されます。

決して、代理店やFCによるビジネスそのものが問題というわけではありません。ただ、あまりにも本部への依存度が強すぎると、融資担当者から問題視される可能性があるのです。

本来、仕入先にとって、商品を買ってくれる人はお客様であり、仕入先の企業は選択されるほうの立場です。ところが、代理店やFCによるビジネスだと、商品仕入だけでなく、事業運営などについて、本部の支配が強すぎて融通が利かない形態のものがあります。

融資担当者からすると「事業の成否は本部次第」という判断になり、本部を運営している企業の業績や信用状況が融資の可否を大きく左右します。いくら起業家本人がいい事業計画を立てたとしても、本部企業の問題が理由で融資がNGになることがあるのです。

したがって、起業に際して代理店やFCチェーンへの加入を考える場合は、運営会社の業績や契約内容をよく吟味して決断することをお勧めします。

「外注先」欄の書き方

外注とは、仕事の一部を外部へ発注することです。自社にリソースがない場合や、外部に依頼するほうが低コストでよいものができる場合は、積極的に活用すると、経営上プラスに働きます。技術者を社員として雇用すると、人件費の負担が大きいので外部に委託するといったケースが、外注の代表的な例です。よくある業種ごとの外注を例示すると、次のようなものがあります。

〈外注の例〉

業種	外注の内容
機械製造業	一部の部品、自社で対応しきれないもの
学習塾	教材の制作や印刷
WEB制作	ヘッダー画像やバナーのデザイン
工務店	キッチン・浴室工事など一部の工事

通信販売	コールセンター業務

ここでの記入上のポイントは次の2つです。

ポイント① 融資金の使い途（資金使途）に「外注費」があるなら必ず記入する

後述する「必要な資金と調達方法」の項目で、「運転資金」の中に外注費や外注加工費といった費用を盛り込む場合、**必ず外注先を記入しておく**必要があります。

最近の起業では、設備資金はあまり必要ないことが多いのですが、運転資金はできるだけ多く確保しておくほうが安全です。事業を軌道に乗せるには一定の期間が必要で、それまでは赤字だったり、資金繰りが厳しかったりするからです。そのため、余裕ある金額を調達したいと願う起業家が多いのです。資金使途の内容が不明確だと、融資金額が減額されてしまいます。

外注が必要な場合は、**「運転資金」の中に「外注費」や「外注加工費」を盛り込んでおくと、減額されにくい**のです。なぜなら、外注費は起業に必要不可欠だと認められやすい資金使途だからです。ちなみに、対照的なのが広告宣伝費です。日本政策金融公庫に限らず、金融機関の担当者は広告宣伝の重要性をあまり認識していないために、広告宣伝費は減額対象にされがちです。

ビジネスプランを練り上げる中で外部に委託する業務が見込まれるなら、外注費を資金使途に盛り込むとともに、外注先を選定して記入しましょう。

ポイント②　外注先を経営基盤の1つとしてアピールする

事業によっては、外注先が単に外部に委託するというだけでなく、事業の経営基盤を構成する重要な要素といえる場合があります。たとえば、ハイテク機械の製造販売を始める計画で、自社で工場は持たずに製造を委託する起業形態がそうです。

ハイテク機械の製造だと、外注先も技術力が高くなければ委託することはできません。技術力が高い企業が外注先として協力するということは、ビジネスとしての強みを示す材料になります。融資担当者が技術力の高さを理解してくれるように、外注先に関する資料も提示することが有効です。

また、大学や大手企業と共同で研究開発するケースは、それが審査で評価ポイントになります。**対価を払って依頼する場合は「外注先」**として、**そうでなければ「共同開発協力先」**といった表現で記入するといいでしょう。

「シェア」「掛取引の割合」「回収・支払の条件」を記入する理由

この3つは、融資担当者が主に資金繰りの見通しを検討するためにあります。たとえば、次のようなケースがあったとします。

	取引先名	シェア	掛取引の割合	回収・支払の条件
販売先	(株) AAA	70%	100%	末日〆翌々月10日回収
	(株) BBB	30%	100%	末日〆翌々月5日回収
仕入先	(株) CCC	50%	100%	末日〆翌月末日支払
	(株) DDD	50%	0%	即金(前払)

売上の回収よりも仕入の支払が先行するのがわかりますね。このような事例の場合、利益が黒字でも資金の残高は減っていく可能性があります。売上が伸びるほど、仕入や経費が多くなり、お金が入る前に支払う必要があるからです。

そのため融資担当者は、利益の見通しだけではなく、資金繰りも検討します。「利益」は儲けを示す金額で、代金が回収されたかどうかを問わないですが、「資金」とは実際のお金の有り高のことです。利益はプラスでも資金がマイナスだと、「黒字倒産」もありえます。

したがって、**回収が支払と比べてかなり遅い事業の場合は、起業1年後くらいまでの資金繰りも十分に検討して、融資担当者に説明できるようにする**ことが重要です。

ちなみに、「商売の鉄則は『回収は早く、支払は遅く』」という格言があります。これは、商売の資金繰りを安定させるために重要だという意味です。取引先と取引条件を交渉する際は、回収サイト（回収されるまでの期間）を短く、支払サイトは長くする姿勢で臨みましょう。

「人件費の支払」欄の書き方

この項目の最下段に「人件費の支払」という欄があります。従業員やパート・アルバイトを雇用する予定なら、ここも忘れずに記入しましょう。

記入に際しては、一般的な「月末〆翌月25日支払」といった形で問題ありません。ボーナスについては、起業当初からボーナスを出すことはめったにないので、**空欄でOK**です。

第 8 章

「創業計画書」右側の記入方法

「5 従業員」の攻略法

この欄は、常勤役員の人数、従業員数、パート・アルバイトに分けてあります。常勤役員の人数は、法人で申し込みする場合にのみ記入します。「従業員数」は、常用で雇う予定の人について人数を記入し、配偶者など家族も手伝うなら「(うち家族)」欄に記入します。「パート・アルバイト」は時間給で雇う人について記入してください。

ここでのポイントは、次の2つです。

ポイント① 必要な人員の確保はできているか

融資担当者は、「必要なスタッフの確保ができているか」という観点でチェックします。とくに介護関係など、人の確保が大きな課題というビジネスの場合は、融資申し込みまでにめどをつけておくことが重要です。

5 従業員

常勤役員の人数（法人の方のみ）	人	従業員数（うち家族）	人 （　　人）	パート・アルバイト	人

6 お借入の状況（法人の場合、代表者の方のお借入れ（事業資金を除きます。））

お借入先名	お使いみち	お借入残高	年間返済額
	□住宅 □車 □教育 □カード □その他	万円	万円
	□住宅 □車 □教育 □カード □その他	万円	万円
	□住宅 □車 □教育 □カード □その他	万円	万円

ポイント② 人件費の面で過剰な計画ではないか

スタッフを確保できたのはいいけれど、それがビジネスの内容や見込売上から見て、過剰ではないかという観点も重要です。

よくあるのが、勤務していた会社の部下や同僚を引き連れて起業したのに、売上が十分に上がらず、人件費負担が過大というケースです。人件費はもっとも支払の猶予が許されない経費ですから、最初から多くの従業員を雇用するのは慎重に考えなければなりません。

「6 お借入の状況」の攻略法

この欄は、審査のチェックポイントの1つ「財政状態」の負債を調べるためにあります。住宅ローン、自動車ローン、教育ローン、カードローンなど、個人の借入について明記する必要があります。

金融機関やクレジット会社などからの借入については、漏らさずに書くことが大切です。クレジットカードでショッピングをしたものについては、**リボ払いや分割払いで金額が50万円以上の場合は記入したほうがいい**でしょう。

とくに、CICなど個人信用情報に出ているものは、隠そうとしても融資担当者に知られてしまうことに留意が必要です。そのため、事前に自分の個人信用情報を取得して内容を確認することをお勧めします。

よく「住宅ローンが2000万円もあるので、融資を受けるのは難しいでしょうか？」という質問をされる方がいます。そんなことはありませんのでご安心ください。住宅ローンの場合は、不動産という資産があるので資産と負債のバランスがとれています。ただし、起業すると、住宅ローンの返済分も稼がなくてはならないので、十分な収益を出せるビジネスプランを練り上げることが欠かせません。

なお、**金利が高い消費者ローンやカードローンがある場合は、きちんと返済していても審査上マイナスになる**可能性があります。「浪費癖があるのではないか」「起業後も返済負担が大きい」といった見方をされるからです。そのような借入は、早めに一括返済しておくことが望ましいのです。

とはいえ簡単に一括返済できない場合は、次のような対策をとることでカバーできる可能性があります。

- **融資担当者に借りた理由を説明して、浪費などではないことを理解してもらう（たとえば、**

「海外留学のために借りた」など）
・借入をカバーできる金額の自己資金を貯める（例：カードローンが100万円あるが、300万円の自己資金を貯めている）
・予想収益の実現可能性を高めて返済力に不安がないことを示す

「7　必要な資金と調達方法」の攻略法

この項目は、「起業するのにこれだけの初期投資が必要で、その調達の内訳はこうです。この計画を実現するために、日本政策金融公庫から〇〇万円の融資が必要です」ということを合理的に説明すべき欄です。というと簡単に書けそうですが、融資担当者がチェックするポイントがたくさんあるので要注意です。

7　必要な資金と調達方法

	必要な資金	金　額	調達の方法	金　額
設備資金	店舗、工場、機械、備品、車両など （内訳）	万円	自己資金	万円
			親、兄弟、知人、友人等からの借入 （内訳・返済方法）	万円
			日本政策金融公庫　国民生活事業 からの借入	万円
			他の金融機関等からの借入 （内訳・返済方法）	万円
運転資金	商品仕入、経費支払資金など （内訳）	万円		
合　計		万円	合　計	万円

まず左側の「必要な資金」の欄は、「設備資金」と「運転資金」に分かれています。「設備資金」と「運転資金」という用語は起業セミナーなどでよく出てくるので、起業を目指す方なら聞いたことはあるでしょう。しかし、正確にその定義を知っている人は少ないと思います。

「設備資金」は、「生産設備に投下される資金」「一時的に必要な資金」「設備投資のための資金」という解説をしている専門家が多いですね。そのため、店舗や機械など形のあるものだけをイメージしがちです。

実は、**創業融資における「設備資金」の定義は、「固定資産に投資するための資金」です**。「固定資産」には、「有形固定資産」と「無形固定資産」があります。土地、建物、機械など形のあるものは「有形固定資産」で、営業権、特許権、ソフトウェアなど、形はないが長期にわたって利用し収益が期待できる財産価値のあるものが「無形固定資産」です。形のあるものだけでなく、**「無形固定資産」への投資も設備資金に含まれる**のです。

したがって、起業のために必要な資金のうち、固定資産の購入に投下するものは「設備資金」に計上してください。

一方「運転資金」とは、設備資金に該当しないその他のもので、商品・材料の仕入資金など売上原価に計上するものと、人件費や外注費など諸経費に関する初期投資です。

「設備資金」欄の書き方

この欄を記入する際に留意してほしい点について説明します。

ポイント① 事業を始める際に、投資する必要性が切実であること

設備資金は、起業するために必要不可欠なものを購入する資金です。起業前あるいは起業直後に購入するのが前提で、**「半年先に買う予定」といった設備は対象になりません。**

また、金融機関には「起業時の投資はできるだけ抑えるほうが負担は少ないのでうまくいく」という考えがあるので、「あれば便利」程度ではなく「どうしても必要」といえるものを記入すべきです。必要性については面談のときに聞かれるので、明確に回答できるように準備してください。

ポイント② 投資内容の裏付けを示す

それぞれの設備に関して、業者からの見積書などを取得し「創業計画書」に添付して提出しなければなりません。店舗や事務所を借りる場合は、その物件の賃借条件（家賃、敷金など）がわかる資料が必要です。

なお、備品など個別に見積書をとるのが煩雑なものは、インターネット上にある商品の価格表などを印刷したものでもかまいませんが、融資担当者が「安易な姿勢だ」という印象を受ける懸念があります。面倒でも、業者発行の見積書を提出するほうがベターです。

ポイント③　投資目的や効果を付記する

投資（購入）することによってリターン（収益につながる投資効果）があることを、理解してもらう必要があります。とくに、一般の人が知らない機械設備に関しては、名称だけでなく、用途や効果を付記するとわかりやすくなります。

ポイント④　投資金額は妥当か

融資担当者は、記載されている設備が価格的に妥当なものか検証します。必要以上に高価なものへの融資はしないという姿勢だからです。たとえば、１００万円のソファを買う計画なら、「もっと安いものにできませんか」と指摘されることがあります。

起業家の中には、実際には安く済むのにもかかわらず、融資金額が多くなるように高い見積書を提出する人がいます。金融機関側は、融資金を適正に使ってもらわなければ困るので、そうした〝盛っている〟見積書でないかチェックするのです。

たとえば飲食店などの業種では、「店舗内装工事」が必要になる場合があります。融資担当者は、工事費を店舗物件の広さで割り算して、坪単価（または㎡単価）を算出します。単価が高めだと、〝盛っている〟見積書でないかと疑います。すると、面談で「工事費がやや高いように思うのですが、なぜですか？」と質問されます。ちなみに、内装工事費については明確な単価の基準はないですが、およそ**坪単価で50〜60万円を超えると、高いと判断されがちです**。

単価が高いことに妥当な理由があるなら、融資担当者に説明すればクリアできることもあります。たとえば、飲食店で改装費用が割高になる場合、「スケルトンの物件なので、水回り工事が高額になる」「ターゲットとする顧客層に合わせた高級な店にする」などの理由をきちんと説明することが必要です。

なお、融資を受けた後に、**申請していたものを買わなかったり、安いものにしたりして残りを運転資金に使うのは禁物**です。その事実が金融機関に判明すると、「資金使途流用」となり、一括返済などのペナルティが課されることがあります。最悪の場合、二度と融資が受けられないほど信用を失墜することもあるので留意してください。

「運転資金」欄の書き方

この欄を記入する際に留意すべきポイントは次の3点です。

ポイント① 「事業の見通し」欄との整合性

運転資金は、設備資金と異なり見積書は求められませんが、収支計画の内容と合っている必要があります。つまり、最後の**「事業の見通し」欄の「売上原価」と「経費」に記載している内容と、必要な運転資金に整合性があるように記載する**ことが大切です。

たとえば、必要な運転資金に「商品仕入200万円」と記入しているのに、「事業の見通し」で売上原価が月に10万円だと、バランスがとれません。外注費など経費も運転資金に入れるなら、収支予測で相応の金額が計上されていることが大前提になります。

ただし、「商品をまとめて仕入すると割安になる」など妥当な理由がある場合は、融資担当者に具体的に説明すれば、納得してもらうことは可能です。

ポイント② 合計金額の目安

私は、よく「運転資金はどれくらいの金額まで融資が出ますか？」という質問を受けます。それに対して「**通常3～4カ月分ほどの原価や経費の金額まで**です」と回答しています。つまり「事業の見通し」で「軌道に乗った後」における原価と経費の合計額が1カ月に100万円だとすると、300～400万円くらいの金額がおよその上限です。

融資の上限は原価・経費の3～4カ月分が目安ですが、**「運転資金」の欄はそれに自己資金相当額を加えた金額を計上する**といいでしょう。たとえば、必要な運転資金として半年分くらいを計上し、「3カ月分は自己資金でまかなう」という計画であれば、無理のないバランスになります。

私は「売上がなくてもやっていける資金を最低半年分くらいは確保すべき」とアドバイスしています。ところが、金融機関が融資してくれるのは、通常は初期の設備資金と3～4カ月分の運転資金が上限です。そのため、残りの運転資金2～3カ月分を自己資金や出資などで調達することが大切です。起業後の安全性を確保することにつながります。

ただし、「原価・経費の3～4カ月分」という運転資金の目安は、業種業態によって多少異なります。これよりも少ない水準になる業種もあれば、もっと多くても認められるケースもあります。

たとえば「現金商売」といわれる飲食業など回収が「即金」主体の事業は、1～2カ月分程度しか融資してくれない傾向にあります。支払よりも先に現金が入ってくるので、それほど運転資金が必要ないと判断されるからです。

一方、介護保険からの入金が主体の介護事業などの場合は、売上金の回収まで長期を要するので、場合によっては半年分など多くの融資が受けられることがあります。

ポイント③　減額の対象にされる運転資金とは

運転資金の中でも、減額対象にされてしまうものがあります。つまり、金融機関が「切実に必要」と判断してくれない傾向があるものです。具体的には次の資金になります。

・広告宣伝費

先にも述べましたが、日本政策金融公庫に限らず金融機関は、広告宣伝費の重要性をあまり理解してくれません。私自身も融資担当者のときに、創業計画書に「広告宣伝費300万円」とあると、「お金をドブに捨てるようなことに融資したくない」と思ったものでした。ところが、起業した後は広告宣伝費の重要性を痛感しています。

でも残念ながら、広告宣伝費は「起業のために切実に必要な資金」と認めてもらえない傾向があるのは事実です。そのため、運転資金には、広告宣伝費ではなく、ほかの経費を主体に記入することをお勧めします。

・法人で融資を受けるときの役員報酬

株式会社など法人で融資を申し込みする際に、運転資金に「役員報酬」と記入している人がいますが得策ではありません。金融機関は従業員の人件費は重視しますが、代表者や役員の報酬については融資対象として消極的です。

そのため、目立つように**役員報酬と書くのはやめるべき**です。もし必要金額の理由からどうしても入れたいなら「人件費その他」で括ったほうがいいといえます。

・経営者自身の自己啓発にかかる資金

これについても役員報酬と同様に、融資対象としては消極的な扱いになります。法人申し込みだけでなく、個人事業主として起業する場合も同様です。たとえば、セミナー参加費や技術を習得するための費用などです。強く必要だと考えていても、資金使途としては記載しないほうがいいでしょう。

「調達の方法」欄の書き方

「必要な資金と調達方法」右側の「調達の方法」は、「自己資金」「親、兄弟、知人、友人等からの借入」「日本政策金融公庫　国民生活事業からの借入」「他の金融機関等からの借入」の4つの欄があります。それぞれの留意点を説明します。

①「自己資金」欄について

「自己資金」は、預金、株式、投資信託など持っている金融資産等のうち、事業に使う予定の金額を記入します。いざというときの「虎の子」は、自己資金とは別に置いておく余裕がほしいところです。

首尾よく融資を受けるためには、**自己資金が総投資額（必要な資金の合計額）に対して3分の1以上あるのが理想**です。日本政策金融公庫では、無担保・無保証の「新創業融資」の自己資金要件が「10分の1以上」と大きく緩和されました。しかし、ミニマムの10分の1しかないと、なかなか審査をパスできないのが実態です。できるだけ多くの自己資金を準備する努力が欠かせません。

第5章でも説明したとおり、自己資金に入るのは、基本的には自分でコツコツ貯めたお金です。例外的に、親など身近な人から返済不要で出してもらったお金も、自己資金として認めてもらえるケースがあります（必ずとはいえません）。

たとえば、父親から返済不要の100万円を出してもらえる場合は、できるだけ早く父親名で振り込んでもらうことが大切です。また、融資担当者に父親の住所や職業をしっかりと説明して、資力があることを理解してもらう必要があります。

②「親、兄弟、知人、友人等からの借入」欄について

ここは、身近な人から返済が必要なお金を借りる場合に記入します。親、兄弟は融資担当者から理解されやすいですので問題ありません。しかし、知人や友人などの場合は、「どのような経緯で借りるのだろう？」という疑問を持たれやすいので、納得できる説明ができるようにしておきましょう。

③「日本政策金融公庫　国民生活事業からの借入」欄について

この部分は「借入申込書」に記入した金額と同額を記入します。

ちなみに「どうせ削られるから、多めの金額を申し込むべき」とアドバイスする専門家がいますが、私はそのような姿勢はお勧めしません。必要な金額を算出したうえで、その背景を創業計画書と面談でしっかり説明できる準備を整えればいいのです。

④「他の金融機関等からの借入」欄について

これは、日本政策金融公庫以外の銀行や信用金庫などからも融資を受ける場合に記入します。

金額を固める際の手順

「必要な資金と調達方法」で、全体の金額を固めていく作業は意外と悩ましいものです。漠然と「融資を多く受けたい」と考えて「日本政策金融公庫からの借入」の金額を大きくしても、全体のバランスがとれません。

左側の「必要な資金」と右側の「調達の方法」のそれぞれの合計は、金額が一致する必要があるからです。

「1000万円の融資を受けたい」と、希望金額ありきで記入しようとしても、「必要な資金」

がそれ以上なければ合計金額が一致しません。だからといって「必要な資金」を大きくしようとしても、設備資金が過大になってはいけない、運転資金は3～4カ月分という目安があるなどの制約条件があります。

起業時に多くの資金を確保したい気持ちがあっても、無理に「必要な資金」を膨らませてはいけません。審査をパスするためだけではなく、事業を成功させるためにも「半年～1年で事業を軌道に乗せるのに最低限必要な資金」という観点から検討すべきです。

金額を固める際は、**①設備は何が必要かを考える、②各設備の価格を調べる、③設備資金の金額を決める、④運転資金に「原価・経費の3～4か月分＋自己資金額」を目安にして計上する、⑤自己資金やほかの方法で調達できる金額を見積もる、⑥融資申し込みの金額を決める**という手順で進めると、無理なく決めることができます。

また、設備資金や運転資金の金額は、端数を切り捨てて数字を丸めるほうが、融資担当者にわかりやすくなります。たとえば、設備資金のうち内装工事の見積書が321万円なら320万円と計上するのです。一方、運転資金は、見積書が必要な設備資金と比べると、弾力的に金額が決められます。合計金額を〝きりのいい数字〟にするために、運転資金の金額で調整するといいでしょう。

「8 事業の見通し（月平均）」の攻略法

ここは、起業後の収支見込みを記入する欄で、**創業計画書の中でもっとも重要な項目**です。融資を受けた後に、事業がうまくいって返済力も問題ないことを合理的に示すことが課題です。

「起業してみないとわかりません」という人が多いのですが、それでは融資は受けられません。ここまで来たからには、もうひと踏ん張りして、根拠ある数字を書けるように頑張ってください。

融資を受けるためには、「事業が早期に軌道に乗り、返済もできる」といえる数字にすることが必要です。しかし、希望的観測や単なる創作では、融資担当者に「絵に描いた餅」と思われてしまいます。

8　事業の見通し（月平均）

		創業当初	軌道に乗った後 （　　年　　月頃）	売上高、売上原価（仕入高）、経費を計算された根拠をご記入ください。
売上高①		万円	万円	
売上原価② （仕入高）		万円	万円	
経費	人件費（注）	万円	万円	
	家賃	万円	万円	
	支払利息	万円	万円	
	その他	万円	万円	
	合計③	万円	万円	
利益 ①－②－③		万円	万円	（注）個人営業の場合、事業主分は含めません。

融資を受けるだけでなく、起業が成功して事業を長く続けるためにも、早期に十分な収益を実現することが大切です。そのために欠かせないのは、融資を申し込むまでに、ビジネスプランをブラッシュアップし、顧客確保のめどをつけるなど、しっかりと準備することです。**この欄は、起業準備の集大成だ**といえます。起業準備を経て、自分でも実現可能と確信できる収支見込みが書ければ、審査もパスして事業もうまくいくのです。

「創業当初」「軌道に乗った後」欄の書き方

一般的な事業計画書では1年目、2年目、3年目と時系列で作成しますが、日本政策金融公庫の創業計画書では「創業当初」「軌道に乗った後」の2列で構成されているのが特徴的です。「創業当初」とは、起業して最初の2~3カ月の時期だと想定してください。一方、「軌道に乗った後」は文字どおり事業が軌道に乗る頃のことで、「○年○月頃」と時期を記入する必要があります。

金融機関の視点では、半年~1年以内に軌道に乗る見通しであれば、それほど不安を感じません。しかし、「当初1~2年は赤字」という見込みだと、すんなり融資するわけにいかなくなってしまいます。赤字期間の資金補てんができるかどうか、検討する必要があるからです。つまり、首尾よく審査をパスするためには、**起業して半年～1年以内に「軌道に乗った後」になるのが望ましい**わけです。

また、利益については「創業当初」が収支トントンから少し黒字で、「軌道に乗った後」は十分な利益が出る見通しになるのが理想です。実際に起業すると、当初2～3カ月は赤字で、軌道に乗せるまでに相応の期間を要することが少なくありません。でも、審査をパスするためには、**創業計画書に早期黒字化の見込みを記入する**ことが大切です。ただし、実現可能といえる根拠を示せることが大前提です。

なお例外として、高い技術の研究開発を伴う事業など、明らかに軌道に乗るまで数年以上の長期を要する場合は、「挑戦支援資本強化特例制度（資本性ローン）」に申し込むほうがうまくいくことがあります。

売上高の予測方法

売上高に関しては、日本政策金融公庫のホームページに「売上高等の計算方法について」という資料が掲載されています。

これを見ると、適した算出方法は業種業態によって異なるという趣旨が書いてあります。製造業は「設備の生産能力×設備数」とあり、自動車販売業では「従業員1人当たり売上高×従業者数」といった算式です。

しかし実際には、こうした算式で予測しても、融資担当者に納得してもらえないと断言します。一見、合理的な算出方法に見えますが、顧客数の視点が欠如しているからです。商品・サービスを購入するお客様の見込みを示さないで、生産能力や人的生産性だけで予測しても説得力に欠けます。

業種業態を問わず、顧客数の観点を盛り込んだ説得力ある予測が示せるのは、**「客単価×客数」というシンプルな方法**です。融資担当者にとっても妥当性を検証しやすく、稟議書にまとめるのが容易だからです。生産能力や人的生産性の算式は、それを補完する材料として用いるといいでしょう。

取扱商品・サービスが複数ある場合は、それぞれについて個別に単価と客数を予測して算出します。売上高を予測する作業は、自分の起業がうまくいくか客観的に判断するプロセスともいえます。

実際に計算してみると、「こんなにたくさんのお客様を確保しなければ採算がとれないのか」

と愕然とすることがあります。でも、そこでめげずに、どうやったら採算ラインの売上を達成できるか、繰り返しシミュレーションして計画をブラッシュアップすることが起業を成功させるカギです。

具体的にイメージしていただくために、業種ごとの算出方法を紹介します。

【業種別の売上高予測方法（例）】

業種	1カ月当たり売上高の予測方法
飲食業	客単価×座席数×1日当たり回転数×営業日数 ・ランチ、ディナー別や、ウィークデー、週末別で分ける ・テーブル席については「満席率」をかけると、より精緻になる
小売業	商品平均単価×1日当たり客数×営業日数 ・客数に「リピート率」をかける方法もある ・アイテム数が多い場合は関連商品群ごとに計算する
美容業	サービスメニューごとの料金×1日あたり客数×営業日数 ・美容椅子の台数と回転数で算出する方法もある ・「面貸し」する場合は美容師の固定客数を根拠としてもいい

学習塾	コース別月謝金額×生徒数 ・入会金がある場合は新規生徒数をかけて加える ・夏期講習など短期コースを実施する場合は別途考慮する
エステサロン	施術メニュー単価×1日当たり客数×営業日数 ・施術時間別の料金設定の場合は平均客単価を想定する ・回数券を発行する場合は金額と販売枚数をかける
製造業	平均製品価格×月当たり見込み販売数 ・取引先（販売先）ごとに単価を設定してもいい ・加工業の場合は平均加工単価を想定して算出する
システム開発	平均制作（開発）単価×月当たり見込み顧客数 ・開発に長期を要する場合は回収高の月平均を計算する ・更新作業など毎月の保守料金が見込める場合は加える
コンサルタント	月当たり報酬×クライアント数 ・顧問契約と単発契約に分ける ・講師や執筆の報酬が見込める場合は加える

これらを参考にして、あなた自身の起業に最適な算出方法はどんなものがあるか、工夫を凝

らしてみてください。ここで、売上高について留意していただきたいポイントを3点お伝えします。

ポイント①　計画上の他の制約条件を考慮する

「制約条件」とは、売上に関連するリソースや前提条件のことです。つまり、計画している事業の店舗、設備、人員、立地条件、時間などで、こうした制約条件を十分わきまえて予測することが重要です。

たとえば、飲食店で「ランチは単価1000円で30席4回転を見込む」と予想したとします。来店客の平均滞在時間が40分だとすると、4回転するまでに最低160分かかります。立地条件にもよりますが、ランチのピークはふつう11時30分～13時30分の2時間程度です。それ以外の時間の来店客はごく少数の可能性が高いので、「4回転もするかな?」という疑問がわいてきます。また学習塾やエステサロンで、教室（サロン店舗）のキャパ（机数や空き時間）を超えた見込み客数を想定していることがあります。

あなたはきっと「そんなおかしな予測はしない」と思うことでしょう。極端な例を挙げましたが、**制約条件を無視した非現実的な予測をしてしまう起業家は意外と多い**のです。融資担当者に矛盾を発見されたら、「ちぐはぐな計画」と判断されかねません。ほかの前提条件と照らし合わせて無理がないか、客観的に検証することが大切です。

ポイント② 確実に達成できる予測をする

起業セミナーや書籍では、「事業計画は、〝うまくいった場合〟〝普通の場合〟〝うまくいかなかった場合〟の3パターンつくろう」と教えることがあります。

ところが、日本政策金融公庫の創業計画書には3つのパターンを書く欄はなく、「必ずこの売上を達成できる」というスタンスの予測が求められます。さらに達成できるだけでなく、採算がとれて借入の返済もできる利益が出る水準でなければいけません。

「必ず達成できる」といえるには、それなりの根拠が必要です。多くの起業家は売上予測に自信を持っていますが、「自信があります！」というだけでは誰も信用してくれません。自信がある理由は何なのか自問自答して、審査の面談時に具体的に説明できるように準備してください。

ポイント③ 『小企業の経営指標』と比較する

日本政策金融公庫がホームページで公表している統計データに、『**小企業の経営指標**』というものがあります。これは、日本政策金融公庫の融資を受けている企業の決算書を分析し、財務指標の平均値を示している資料です。ただし、すべての業種を網羅しているわけではなく、一般的に多いものに絞られています。業種によっては「黒字かつ自己資本プラス企業」や「従業者規模別」など細分化されたデータもあります。

日本政策金融公庫の融資担当者は、創業計画書の収支見通しについて、このデータを参照して妥当性を検証しています。したがって、『小企業の経営指標』に掲載されている業種の起業を考えている方は、チェックすることをお勧めします。

たとえば美容業では、「椅子1台当たり売上高」「従業者1人当たり売上高」といったデータがあります。これらのデータは店舗によって異なるので、必ずしも近い数字の売上にしようとする必要はありませんが、売上予測と乖離が大きい場合は、問題がないか検討しておくといいでしょう。

売上原価（仕入高）の予測方法

原材料や商品仕入れなど、原価がある事業では、売上原価を算出する必要があります。

原価は、販売価格の設定や原材料の相場などによって大きく異なります。原価が高いからといって高く売れるとは限らず、逆に原価の何十倍、何百倍もの売上を達成できるビジネスもあります。自分の考えているビジネスでどれくらいの原価が妥当か、多面的に検討して客観的に無理のない数値にすることが重要です。

とりわけ飲食業や小売業などの業種は、先述の『小企業の経営指標』で原価率の平均値を知ることができます。「売上高総利益率」というデータが、売上高から原価を差し引いた利益の率です。つまり、**売上高総利益率が60％であれば、原価率は40％ということ**です。

融資担当者は、原価率について『小企業の経営指標』のデータを重視します。掲載されている数値より低すぎる原価率だと「楽観的すぎる」と判断され、逆に高すぎると「利益率が低く、採算が厳しい」と判断される可能性があります。

経費と利益の予測方法

企業の財務分析をする際に、費用を「変動費」（売上高に比例して増減するもの）と「固定費」（売上高に関係なく一定額発生するもの）に分ける場合があります。事業計画書で経費を計上する際も、変動費と固定費に分けると精緻ですが、検討するのがたいへんです。

幸いなことに、日本政策金融公庫の創業計画書は、そこまで細かいことは求めていません。

また、設備の「減価償却費」の欄も省略されているので、かなり簡略化された形式といえます。たとえ簡略化された書式でも、いかにして妥当性ある予測をするかが勝負です。

また最下段の「利益①－②－③」の欄は、もっとも重要です。融資担当者が「企業維持力」や「返済力」の有無を判断する部分だからです。

利益からは、税金、経営者の給料（個人事業の場合）、借入の返済が出ていくので、「軌道に乗った後」はこれらをまかなえる金額であることが必須です。

経費と利益の欄では次の3点に留意してください。

ポイント①　経費は多めに計上する

多くの起業家が犯しがちなミスが、経費の見込みを過少にしてしまうことです。たとえば人件費は、月給の金額では法定福利費や残業代が含まれていないので、少なくとも月給額の115％を計上する必要があります。

また、「その他」に入る経費は、起業すると予想以上にかかるものです。外注費、水道光熱費、交通費、広告宣伝費、消耗品費などが該当します。少額に抑えようとせず、**あらゆる経費を想定して多めに計上する**ほうが現実的な予測になります。

「その他」の経費の目安には、『小企業の経営指標』の「諸経費対売上高比率」があります。たとえば「卸・小売業」は15・1%、「製造業」が24・0%という数値です。

ただし、『小企業の経営指標』の「諸経費」の定義は、「販売費・一般管理費計から人件費、減価償却費、外注加工費を差し引いた額」ですから、外注加工費が発生する事業計画の場合は「その他」がこの数値以上になると認識してください。

『小企業の経営指標』に掲載されている業種で起業する場合は、**「諸経費対売上高比率」をチェックしておきましょう**。自分の予測がこれに近い場合は問題ありませんが、大幅に低いと融資担当者から「過少ではないか」と見られる可能性があります。

また、経費の総額は「必要な資金と調達方法」の運転資金の欄との関連性が強いので、バランスがとれる金額にすることが重要です。「必要な運転資金」に対して少なすぎると、融資金額を減額される要因になるので注意してください。

なお、「支払利息」は、申し込みの金額に基づいて計算します。たとえば５００万円借入予定の場合は、「５００×２・４%（融資制度の利率を計上する）÷12」で１カ月の利息が算出できます。ほかにも有利子の借入を予定している場合は、その分も加えてください。

ポイント②　「利益①－②－③」から支出されるもの

最下段の「利益①－②－③」から、税金、経営者本人の給料（個人事業で申し込みする場合）、借入金の返済元金が支出されることになります。「創業当初」はそこまでの額が出なくても問題ありません。しかし、「軌道に乗った後」はそれに見合う利益が出ていなければ、「返済はできません」といっているようなものなので注意してください。

具体的には、税金等を考慮して**「利益①－②－③」×０・６で算出した金額が、経営者本人の給料と借入金の返済元金以上の額である**ことが望ましいです。

この０・６の掛け率について、日本政策金融公庫のホームページの記入例の中には想定していないものも見られます。しかしそれだと、税金を払う財源がないことになります。

多くの場合、起業初年度の税務申告では経費が大きく「創業赤字」になるケースが多いのが実態です。しかし、融資担当者は税金を支払うのが前提で返済能力を検討するので、掛け率を計算に入れるべきです。

返済元金は、融資金額を5年払いとして金額を計算してください。たとえば、融資希望額が５００万円だと、８万５０００円程度を想定するのが妥当です。

５００万円の融資を申し込みして、自分の給料を25万円取りたいと考えたとします。そのためには「利益①－②－③」が56万円以上必要ということになります（（25万円＋８・５万円）÷０・６）。

ポイント③　過大な利益見込みは信用されない

ポイント②を意識するあまりに、「軌道に乗った後」の「利益①－②－③」の額をかなり大きくしようとする人がいます。しかし、利益は大きいほうがいいわけではなく、客観的に見て実現可能な金額にしなければなりません。

利益が大きすぎると、融資担当者から「実現できそうにないバラ色の予測で楽観的すぎる」と思われてしまう懸念があるからです。たとえ自信を持っていたとしても、利益の数字は少し抑えたほうが「実現可能性が高い」と判断されやすくなります。

たとえば、「利益①－②－③」の金額が２００万円と予測すると、年間の利益は２４００万円になりますが、起業して短期間にそれほどの利益を達成することはめったにありません。

また、売上高に対する利益率も要チェックです。「売上高経常利益率」が20％を超えるような事業はきわめて少ないからです。「利益①－②－③」の金額から経営者本人の給料を差し引いた額が売上高の何％くらいか計算して、**20％超になる場合は、経費の見落としがないか確認が必要**です。もっともIT系など利益率が高い事業もあるので、その場合は融資担当者が妥当と判断

$$必要な売上高 = \frac{求める利益【経費＋（経営者の給料＋返済元金）÷0.6】}{1－（原価率 ÷100）}$$

（注）①法人の場合は経営者の給料は経費に計上する
②原価がない事業は分母が不要

する説明ができればＯＫです。

求める利益額を想定して、それに必要な売上高の金額を逆算する方法もあります。必要な売上高は、前ページに示した計算をすると得られます。

創業計画書を作成する真の目的とは

創業計画書は、最後まで書き上げても、それで終わりではなく、全体を見直して妥当性を確認する作業が重要です。

第5章で、融資担当者がチェックするポイントは「経営者としての資質」「財政状態」「収支見通し」の3点だと説明しました。そのうち創業計画書では、「経営者としての資質」「収支見通し」について、明確かつ説得力ある記載をすることが重要です。あなたのことをまったく知らない人が読んでうまく伝わるか、第三者の立場になって読み直すといいでしょう。

「経営者としての資質」は、この事業を円滑に経営するために必要な資質が備わっているかという観点です。主に「経営者の略歴等」で表現しますが、「創業の動機」と「取扱商品・サービス」が密接に関連するので、うまく伝わるか確認しましょう。

「収支見通し」は、全体を通して妥当性がチェックされます。創業計画書の「創業の動機」から「必要な資金と調達方法」までの記載内容すべてが「事業の見通し」につながっていきます。スラスラと読めるわかりやすい文章のように、読み手が腑に落ちる流れになっているか、何回も見直して修正してください。

さて、ここまで創業計画書について、記入上のポイントや融資担当者の視点を具体的に説明しました。起業成功を目指すあなたならお気づきだと思いますが、単に融資を受けるためのテクニックだけを意識しても創業計画書は書けません。

いうまでもなく、創業融資を受けることはゴールではなく、起業を成功させて事業を軌道に乗せることが最大の目標です。

ポイントを押さえた創業計画書を作成するには、見込客のめどをつけたり、投資計画を立てたりする準備が必要です。実は、**この準備が事業成功のカギを握っている**のです。

第2章で述べたとおり、日本政策金融公庫の創業融資を受けた起業家は、事業を長く続けています。つまり、**起業の事前準備を行って創業計画書を作成し融資を受けることができれば、事業を軌道に乗せられる確率が格段に高まる**のです。

ぜひ、あなたも事業を長く続けられる経営者を目指し、起業準備を楽しみながら創業計画書を完成させてください。

第 9 章

融資面談は
大切なプレゼンの場

融資面談は何のために行われるか

創業融資を申し込むと、融資担当者から「面談のために日本政策金融公庫の支店へお越しください」という連絡が来ます。日本政策金融公庫が面談を実施するのには、次のような目的があります。

①融資担当者が事前に立てた仮説を検証する

第4章で、融資担当者が面談前に行う事前準備について説明しました。融資担当者は、融資可否の結論を早く的確に行うために、あらかじめ「この人には融資できそうだ」とか「融資しないほうがいいのではないか」といった仮説を立てます。面談の1つの目的は、立てた仮説を検証することです。

あくまで仮説なので、面談の結果で判断を変えることもあります。融資担当者は、基本的に「できるだけ融資OKにしたい」と考えています。融資を申し込みした人は融資担当者の仮説を知ることはできませんが、万一、**ネガティブな仮説だったとしても、面談の内容次第で融資O**

Kにすることは可能なのです。

②審査の重要ポイントを確認するプロセス

面談では、審査の3つのポイントである「経営者としての資質」「財政状態」「収支見通し」について、ヒアリングと証拠資料で確認します。

もちろん会話が中心になりますが、口頭で説明するだけでは融資担当者が納得してくれないこともあります。とくに**売上予測については、裏付けとなる資料を準備する**ことが有効です。

③実際に会って起業家本人の考えをチェックする

申込書や創業計画書が書類審査とすれば、面談は、融資担当者が起業家の資質や考えをチェックする面接のようなものです。こういうと、イヤなイメージを抱くかもしれませんが、会社の採用面接やオーディションなどとはまったく違います。ふるい落とそうというような目的ではないのです。

融資担当者は、「できるだけ融資OKにするためにいいところを探そう」という姿勢ですからご安心ください。面談は、あなた自身の、そしてあなたのビジネスプランのよいところを伝えるための〝楽しいプレゼンテーションの場〟なのです。

④創業計画書の中で分からない点を確認する

融資担当者は、あらかじめ創業計画書を読んでいますが、書いてあることだけではすべてを理解するのは困難です。多くの起業家のビジネスプランは、ほかにないオリジナリティあふれるものだからです。

そのため、面談では、疑問点や理解できない点について確認します。それにうまく回答したり説明をして、融資担当者が納得できるようにしてください。

⑤上司へ回すための稟議書を作成する

融資担当者は、融資判断をしたら、稟議書にまとめて上司へ提出しなくてはなりません。でも、面談が終わってから稟議書を書くのでは、内容を忘れてしまうし、時間がかかります。そこで、効率的に仕事を進めるために、**起業家と面談しながら稟議書を作成する**のです。

稟議書はパソコンで作成する部分もありますが、大部分は手書きです。面談のときには、手元で書類を書きながら会話をする形になります。

「あっ、今いったことを書いているな〜」と、融資担当者が手書きしているのを見て、それに合わせて間をとりながら、受け答えをするといいでしょう。

求められる資料と準備すべきもの

面談日時の連絡が来たら、当日持参する資料についての案内があります。電話で伝えられることもありますが、後日、「お持ちいただきたい資料」と書いた文書が郵送されてくる場合もあります。日にちに余裕があればいいですが、文書が前日に届き、慌てて準備しなくてはならないこともあります。

もし日時の都合が悪ければ、遠慮せず融資担当者に電話して変更を依頼してください。

求められる資料は、申し込みした人によって異なりますが、およそ次のようなものです。たくさんありますが、これら全部ではなく、普通は5～7項目程度に絞られます。

- 本人確認資料（運転免許証、パスポートなど）
- 不動産を所有している場合は、権利書または登記簿謄本（登記事項証明書）および固定資産税の領収書
- 住居の賃貸契約書と家賃の領収書（6カ月～1年分）

・直近の勤務先の源泉徴収票（または給与明細6カ月～1年分）
・公共料金（電気、ガスなど）の領収書（6カ月～1年分）
・公共料金の引き落としをしている預金通帳
・預金通帳（普段使っているもの、自己資金の裏付けのもの、定期預金等も含む）
・事業に必要な資格証や許可証
・借入金がある場合は、支払明細書
・売上予測の根拠となる資料
・取扱商品やサービスの詳細がわかる資料
・フランチャイズ加入の場合、システムの内容がわかる資料

担当者との面談をうまく乗り切って審査をパスするには、次のポイントに注意して資料を用意しましょう。

ポイント①　求められたものは必ず準備する

求められた資料については、面倒でも必ず準備するように努めてください。**1つ1つの資料が、面談時にあなたの信用を積み上げる材料になります。**中には「どこにしまったかわからな

い」というものがあるかもしれませんが、なんとか探し出すことが大切です。

また、依頼された資料の中に、何のことかわからないものがある場合は、遠慮なく電話で質問すべきです。また、明らかに存在しない資料を求められた場合は、「それは○○のためありませんので、代わりにこういうものでもよろしいでしょうか」と、代替する資料でいいか聞いてください。

ポイント②　資産に関する資料は積極的に持参する

自己資金の裏付けとなる預金通帳は、必ずといっていいほど求められます。しかし、自己資金の分の預金通帳しか持っていかないのは得策ではありません。

審査のポイントの１つに、「財政状態」があると説明しました。起業時に使う自己資金だけでなく、いざというときの資産があるほうがプラスになります。ですから、**自己資金に関係ない、ほかの預金通帳や金融資産の資料も多く持参する**ことをお勧めします。自分のものだけでなく、同居家族も含めて、より多くを開示するほうがいいのです。

ポイント③　売上の根拠となる資料は徹底的にひねり出す

「売上の根拠となる資料」は漠然とした表現ですが、創業計画書に書いた売上予測を裏付ける資料です。つまり、「なるほど、この売上予測は実現しそうだ」と納得できる材料を求められているのです。

多くの方は、何を持って行けばいいのか迷います。そもそも確たる根拠がない人がほとんどですから。それでも、審査の結果を左右するカギになるので、なんとか工夫してひねり出すことが大切です。融資担当者だって、稟議を通すために「これが根拠です」といえるものがほしいのです。

どんな服装や姿勢で臨めばいいか

私は、よく「面談のときはどんな格好で行けばいいでしょうか?」という質問を受けます。そこで、融資の面談に望むときの服装や姿勢などについて解説します。次のポイントに留意してください。

ポイント① 予定している事業にふさわしい格好で

服装はそれほど気にする必要はありません。採用面接のような感覚でスーツを着ようとする人がいますが、着慣れていないと落ち着かないし「服に着られている」感じになってしまいます。服装はその人の内面を表すことがあるので、仕事で着ているものがしっくりきます。つまり、**普段の仕事に行くときの服で問題ありません**。

また、起業する事業になんとなく似つかわしい格好であれば最適です。たとえば、ＩＴ系では普段からラフな格好をしている人が多いので、それでも違和感はありません。

ポイント② 面談は1人で行く

融資の面談には、**経営者（または代表者）になる人が単独で行く**のが大原則です。

日本政策金融公庫に限らず、金融機関は第三者の面談同席を原則として断ります。融資担当者の立場からみると、ズバリ言って「怪しい」からです。融資担当者のときの経験からいっても、複数で面談に来る人は融資後に返済が滞る確率が高かったのです。

最近は3名くらいで出資して起業するケースもありますが、代表者となる人（複数が代表取締役になる場合は、実質的な代表者）を決めて、その人だけが行くようにしましょう。したがって代表者は、起業に関するすべての情報を頭に叩き込んで臨む必要があります。融資に関しても、代表者が全責任を負う覚悟をしなければなりません。

ただし例外として、夫婦で飲食店を始める場合などは、２人でもかまわないと思います。

ポイント③　緊張せず真摯に対応する

「面談では緊張しないでください」といっても、多くの方は緊張します。融資を受けることをなんとなく引け目に感じたり、「面談は審査を左右する大切な場」という思いが強かったりして、緊張するのは無理もないことです。

でも、ご安心ください。融資担当者も、初対面ですから、多かれ少なかれ緊張しています。融資を受ける人は、日本政策金融公庫からみると大切なお客様です。もちろん「オレは客だ」的な対応はダメですが、逆に妙にへりくだる必要もありません。お互い対等な立場と思えば、それほど緊張せずに対応できます。

面談の基本的な流れは、**融資担当者が質問して、それに回答する**という形式です。融資担当者も人それぞれで、矢継ぎ早に質問する人がいる一方で、とてもゆっくり話す人もいます。できるだけそのペースに合わせて、うまく回答していけばいいのです。

なお、面談に要する時間は、1時間～1時間半くらいです。融資担当者はできるだけ短時間に要点を知りたいという気持ちがあります。したがって「しゃべりすぎ」は禁物です。逆に「はいそうです」といった紋切型の回答に終始していては説得できません。

ポイント④　創業計画書に書いてあることでも面倒がらず回答する

すでに創業計画書に書いたことであっても、融資担当者が質問してくることがあります。「そこに書いてあるでしょう」といいたくなりますが、ていねいに口頭で説明するよう心がけてください。

とくに経歴の部分は、職業経験について時系列で質問されることが多いのです。面談の前に、「○年△月からどこに勤めた」といった経歴は、答えられるように思い起こしておくといいでしょう。

ポイント⑤　大きすぎる夢ではなく、近い将来を語る

多くの起業家は、10年先、20年先の大きな夢を持っています。「将来は東南アジアの恵まれない子供たちのために学校をつくりたい」など、面談のときに熱く語る人がいます。しかし、そうした先の夢を語っても響かないどころか、**「非現実的な夢を見ている人」と思われるだけ**です。

起業して半年～1年先のごく近い将来の目標について、明確に説明するのが妥当です。その目標が高い確率で達成できると確信してもらえるようにしましょう。

ポイント⑥ 融資担当者は小学5年生

商品・サービスやビジネスモデルを説明するときには、**「融資担当者は小学5年生だ」と思ってください**。つまり、小学5年生でも理解できる言葉で、噛み砕いて説明することが重要です。けっして、融資担当者は理解力がないといっているのではありません。あなたのビジネスが斬新なものであればあるほど、詳しい知識を持っている人がいないからです。融資担当者だけでなく、その上司にも理解してもらうには、誰にでもわかる説明が必要です。

もっとも重要なのは、融資担当者が何をどんな意図で質問しているのか、よく聞いて判断しながら回答することです。**質問の意味がわからなければ、遠慮せず「どういう意味でしょうか?」と聞いてください**。回答しても納得していない表情なら、粘り強く説明を繰り返すことが大切です。融資担当者が気持ちよく「融資OK」の稟議書をまとめられるように、わかりやすく説明してください。

実際に何を聞かれ、どう答えるのか

ここでは、面談を具体的にイメージしていただくために、カフェの開業を予定している女性起業家と融資担当者との会話の一部をご紹介します。

担当者　カフェで6年間勤務されたご経験がおありなのですね。どのようなお仕事をされていましたか？

起業家　カフェのオーナーがコーヒーにこだわりを持っている方でしたので、コーヒーの入れ方を何度も練習して、おいしく入れるコツを身につけました。また、ホールやレジなどの基本的な業務も一から学んで、忙しい時間帯でも効率よくお店を回せるようになりました。

あと、イラストレーターを使用して、新しく仕入れたコーヒーや季節で変わるデザートなどのメニューの作成もしました。

担当者　そのカフェはどのようなお店でしたか？

起業家　MMカフェというカフェで、テナントビルの1階にある、こぢんまりとしたレトロなお店です。夜はバーになります。落ち着いた雰囲気と、おいしいコーヒーとデザートを提供しているお店なので、こだわりが詰まっているように思っていました。

担当者　MMカフェさんでは、調理もされていたのでしょうか？

起業家　はい。2日間煮込んだカレーをはじめとして、日替わりランチやパスタをつくっていました。それを目当てに来てくださるリピーターもずいぶん増えました。

担当者　開業されるお店では、何か特徴のあるものをつくるのですか？

起業家　基本的には、食材の自然の味を生かす味付けをします。使う食材も吟味して、できるだけオーガニックの食品を使いたいと考えています。

担当者　なるほど。どんなお客さんをターゲットとして想定されていますか？

起業家　小さなお子様がいらっしゃる、若いお母さんをターゲットにしています。〝お子様と一緒に安心して食事を楽しめるお店〟をコンセプトにします。使用する家具や内装も、安心かつ楽しいつくりにしようと考えています。

担当者　提供されるメニューにも、そのコンセプトに合わせたこだわりはありますか？

起業家　自分が食べるものと同じように、お母さんとお子さんに体にやさしい料理を提供したいので、オーガニック食品や新鮮な食材を使用します。

担当者　事業計画にある、回転数の根拠を教えてください。

起業家　小さなお子様を持つご家庭が多く住む地域なので、ママ友同士の集まりなどで、ランチ時は2回転くらいすると考えています。

近くにファミレスやファストフード店もありますが、うちは体にやさしい料理を提供しますし、お子様と一緒でも安心して食事を楽しめる環境づくりをしていこうと考えていますので、そういう点で他店との差別化ができます。

比較的収入も安定した方が多い地域だと思いますから、この価格設定でもサービス内容に満足していただいて、たくさんの方がご来店されると考えています。ディナーの客層は、近くの企業にお勤めのＯＬさんたちを想定していますが、人通りがそれほど多くない立地なので、満席にするのはなかなか難しいと思い、20席で０・８回転としました。

これは面談のごく一部ですが、およそこんな感じで進められます。実際には、融資担当者がもう少し長く話すこともあります。質問に回答するときは、これくらいの言葉数でゆっくり話せば、相手に伝わりやすくなります。事前にある程度質問されることを想定しておくと、緊張せずにスムーズに答えることができます。

融資担当者のイヤみな視線に耐えよう

融資担当者の中には、なんとなく「上から目線」という印象の人もいます。ホテルのフロントにいる女性のように、にこやかに話す人は少ないのが実態です。

融資担当者の印象はよくても、家族のことなどプライベートなことを質問される場合もあるので、ムッとするかもしれません。でも、そこは我慢して、穏やかに対応することが大切です。融資担当者がどんな人であれ、うまくコミュニケーションを図る気持ちで臨んでください。

また、面談の最初の頃は、融資担当者の視線がとてもイヤみに感じることがあります。実はそれには明確な理由があるのです。**融資を申し込みした人に対して、まず疑ってかかる**からです。

何を疑うのかというと、「あなたは誰？ うちを騙そうとしていない？」ということです。何万人という申し込み者の中には、「なりすまし」「書類の偽造」「嘘の創業計画書」などで融資を不正に受けようとする人がゼロではありません。これらは詐欺に当たりますが、それに騙されないことが融資担当者の大切な仕事の１つです。私も多くの面談をしている中で、ごくわずかですが、そのような方を発見したことがあります。

もちろん、本書をお読みのみなさんはまったく問題ないですが、そうしたイヤみな目線を向けられても、**「彼らの仕事だから仕方ない」と思って耐えてください**。

面談の冒頭で、融資担当者が「本人確認」「実在確認」「居所確認」といったものを行います。運転免許証などを求めるのはそのためです。

「本人確認」「実在確認」とは、文字どおり申し込みした人が本人か、実在している人か確認することです。それを証明するのにもっとも有効なのは運転免許証ですが、もし住所が住民票と異なっているようでしたら、早めに変更手続きをしておくことをお勧めします。運転免許証を持っていない場合は、パスポートや住民基本台帳カードなどを提示することになります。ときには、複数の証明書を求められることもありますので、それにきちんと対応してください。「居所確認」とは、実際に住んでいる場所を確認するということです。そのために住居の賃貸契約書などを求められます。

若い人の中には、友人宅などに住んで本人が賃貸契約をしていない人がいますが、審査上はネックになってしまうことがあります。また、子供の学区の関係で住民票を親戚宅にして、実際には別のところに住んでいる人もいます。その場合は、公共料金の請求書を見せるなどして、きちんと説明する必要があります。

このように**「本人確認」「実在確認」「居所確認」を意識して、しっかりと証拠資料を提示することが重要**です。

そのほか、創業計画書に記載した取引先についても、融資担当者は実在している会社かどうか、日本政策金融公庫内部のデータベースやインターネットで調べます。万一、提出した資料の中に事実と異なるものがあると、「信用できない人」と判断されて融資NGとなる可能性があるので、十分に注意してください。

「売上予測の根拠となる資料」は何を準備すべきか

持参する資料の中でもっとも頭を悩ませるのが、「売上予測の根拠となる資料」でしょう。創業計画書の「事業の見通し」には、なんとか売上予測を書いたものの、その根拠を示すのは難しいという方がほとんどです。

でも、そこであきらめてはいけません。また「資料はないから口頭でなんとか説明しよう」とするのも得策ではありません。一生懸命考えて、何かひねり出すことが大切です。売上の根拠を探すことは、単に融資を受けるためだけではなく、事業を軌道に乗せるためにも欠かせないことです。

まず先に「売上の根拠となる資料」として、あまり効果がないものを挙げておきます。

■取引予定先に自分が出した見積書

これは根拠として有効ではありません。「いくらでもつくれる」と思われるからです。

■商談をしている先の名刺の一覧

名刺交換したことしかわからないので、ほとんど効果がありません。

■世帯数増加のデータなど大きな統計

「この町は世帯数が増えているから○○の需要が高まっている」という説明では説得力がありません。

そこで、審査において有効に働くと考えられる資料について、いくつか例を挙げてみたいと思います。

【ITや製造業などBtoBの事業の場合】

- 取引予定先との契約書や覚書
- 取引予定先からの発注書
- 大学など共同開発先との契約書
- 取引予定先とのNDA（秘密保持）契約
- 取引予定先の担当者とのメールのやりとり
- 営業予定先のリスト
- 「スキルシート」など携わったプロジェクトを記録したもの

【飲食店の場合】

- 開業予定地周辺のターゲットとする顧客層の概数
- 開業予定地周辺にある大企業の従業員数
- 競合する店舗の調査
- メニューや接客の競合店に対する優位性を比較した表
- ほかの地域に立地する類似業態店の来店客数
- テストマーケティング（知人の飲食店で出してみるなど）の結果

【美容業の場合】

- 前勤務先での指名客のリスト
- 開業予定地周辺の見込顧客数
- 競合店の分布状況と繁盛ぶり
- 競合店の価格、サービスの内容
- 自店の優位性を競合店との比較で示したもの

ここで、1つ成功事例を紹介します。自分の足で集めた「売上の根拠となる資料」が功を奏した人です。

リラクゼーションサロンを開業した女性起業家のYさんは、開業前に街頭で女性たちに声をかけて、氏名や住所、メールアドレスなどを集め続けました。さらに、集合住宅などに、健康に関する情報を書いたチラシをポスティングするという行動を繰り返しました。そうして集めたリストの数は、なんと2000名分です！　そのリストに基づいてメールマガジンを送り、開業前から十分な数の見込み客を確保しました。このリストを日本政策金融公庫に提示することで、希望どおりの融資を受けることに成功したのです。

Yさんのように**圧倒的な行動力を発揮すると、融資を受けることができるだけではなく、起業後、早期に軌道に乗ることが可能**です。ぜひあなたも、融資を申し込みする前に何をすればいいか考えて行動してください。

面談終了時の言葉を聞き流してはいけない

融資の面談が終わる時間になると、融資担当者が融資可否の見込みについて触れます。**その**

ときの融資担当者の言葉は重要なので、しっかりと聞くだけでなく、それに応じたリアクションをすべきです。

たとえば「できるだけ融資の方向で検討しますが、私一人では決められないので、協議のうえご連絡します」といったとします。この場合だと、融資担当者が融資ＯＫの方向で稟議を上げる前向きな姿勢であることがわかりますから、申し込みした金額の満額で決まる確率が高くなります。

ですから、「ぜひ、よろしくお願いします」といって終われば問題ありません。

ところが、「上とも協議させていただきますが、ちょっと満額は難しいかもしれません」といわれる場合もあります。「可能性としては○○万円くらいまでかもしれません」など、金額のラインをある程度出してくれることもあります。気の利いた担当者だと、「なんとかできるだけ多く出るように頑張ってみます」ということもあります。いずれにしても、こうした内容の発言は、減額になることを示唆しているのです。

このとき、「なんとか多く出るようにお願いします」とだけいって終わってしまうと、そのまま減額されてしまいます。

こんなときは、「この設備がどうしても必要なので、なんとか５００万円はお願いします」と、**根拠を示しながら譲れない金額を明言する**ことが重要です。

融資担当者によっては「ご希望の５００万円は無理だとしたら、ゼロ回答になるかもしれませんが、それでもよろしいでしょうか?」とドライに詰めてくることもあります。でも、それに屈してはいけません。

「いえ、ゼロ回答は困ります。５００万円を割り込むと○○が買えなくなるので、ご理解をお願いします」と、冷静に自己主張することが大切です。

前述したとおり、創業融資には明確な審査基準があるわけではありません。融資担当者との交渉次第で金額が決定することもあるのです。とはいえ、融資担当者が「３００万円くらいになるかもしれません」といっているのを倍額にするのは難しいでしょう。

「減額されるのはやむなし」と考えて、その幅を小さくするように交渉する姿勢も大切です。交渉といっても、大きな声を出して怒鳴っては逆効果です。**冷静な口調で押したり引いたりして、最低限必要な金額について、しっかりと理由を説明する**のが有効です。

問題は「○○が問題になるかもしれません。そのため、ご融資が難しい可能性もあります」といわれたときです。融資担当者が融資ＮＧを示唆していることになります。それに対して、「そうおっしゃらずに、なんとかよろしくお願いします」と頼んでも、結論を変えてくれないでしょう。

この場合は、まず**何がどう問題なのか質問する**ことが大切です。たとえば、飲食店開業で

「投資金額が大きい」というのが問題なら、「わかりました。投資金額を縮小するので1週間くらい待ってください」といって、実際に縮小する工夫をするのです。指摘された問題が工夫次第で対応できることなら、それを改善することで融資がＯＫになる可能性もあります。

このような融資担当者からの融資見通しに関する説明は、面談の終了時ではなく、その後、数日経過してから電話で伝えられることもあります。いずれにしても、内容をよく聞いたうえで、できるだけ希望に近い金額を確保できるようにリアクションすることが重要です。

第 10 章

創業融資ノウハウ集

ハードルが高い融資を受けやすくする裏技とは

起業に高額の資金が必要になるなど、創業融資を受けるのにハードルが高いケースがあります。そうした場合でも、審査をパスしやすくする方法がありますので、ご紹介します。

①地方銀行や信用金庫と同時に融資を受ける

昨今、日本政策金融公庫と民間金融機関を同時に利用するパターンが増えています。ここ数年来、日本政策金融公庫と地域の銀行や信用金庫は、「業務連携・協力に関する覚書」の締結を進めているからです。これは、情報交換を密にして、顧客を相互紹介したり、協調で融資を実行したりするスキームです。

互いの顧客の紹介をすることで、地域の起業家の発掘につながる、双方のリスクを低減できる、日本政策金融公庫にとっては民間金融機関の補完ができる、といった多くのメリットがあるのです。

そのため日本政策金融公庫の創業融資も、民間金融機関を通じて申し込みをするほうが、円滑に利用できる可能性があります。とくに**必要金額が1000万円を超える場合は**、日本政策金融公庫だけでの調達は容易ではないので、身近な信用金庫などの担当者に「○○信用金庫さんと公庫の融資を同時に利用したい」と話を持ちかけてみるといいでしょう。

②商工会議所や商工会の経営指導員と相談しながら進める

各地域には、商工会議所や商工会という組織があり、「経営指導員」という方々が親身になって起業のアドバイスをしてくれます。とくに地方で起業する場合は、**商工会議所や商工会から紹介を受けて日本政策金融公庫へ申し込みをすると、円滑に融資が決まる可能性が高まります**。

私が九州の支店で融資課長をしていた頃、ある商工会から葬儀場を起業する人の申し込みの紹介がありました。最初見たときには、自己資金が少なかったので、「融資は無理だなあ」と思いました。ところが、経営指導員が起業家本人と緻密な市場分析を行って「売上の根拠となる資料」をつくりあげていたのです。それが決め手となり、地元の信用金庫の融資と合わせてトータルで高額の融資が実行できました。

商工会議所や商工会は基本的に会員制ですが、「起業したら会員になる」という前提で、起業志望者への支援を積極的に行っています。

半年〜1年前から事前準備をしよう

本書で記載している創業計画書の書き方や審査をパスするための方法を実行するには、半年〜1年くらいかけて事前準備をすることが重要です。具体的には、次のような準備が必要になります。

- **ビジネスモデルを練り上げる**
- **自己資金を貯める（足りなければ親などに依頼する）**
- **取引先のめどをつける**
- **投資内容と調達方法を検討する**
- **収支予測を検討する（根拠も考えながら）**
- **クレジットカードや公共料金の支払いは期日どおりに行う**

こうした事前準備は融資を受けるためだけではなく、起業して事業を長く続けられる経営者になるためにも大切です。

融資申し込みのタイミングと審査をパスするコツ

日本政策金融公庫の創業融資では、申し込むタイミングによって、審査で着目されるポイントが変わってきます。ここでは、「起業前」「初回税務申告の前」「初回税務申告の後」の3つに分けて、審査をパスするためのコツを解説します。

①起業前に申し込む場合

審査がもっとも通りやすい時期です。できるだけ**起業前に申し込みすることをお勧めします**。たとえ自己資金だけで起業できるとしても、創業融資を受けておくのが賢明です。起業したらお金は急激に減っていくので、キャッシュに余裕を持っておくほうが安全だからです。

②起業後1回目の税務申告期を迎える前の段階で申し込む場合

1回目の税務申告期を迎える前の時期（例：4月に個人事業で起業して11月）に申し込む場

合の留意点について説明します。

審査でチェックされるのは、事業を開始してからの売上や収益などの実績です。しかし、税務申告前なので、実績を証明できる決算書などの資料がありません。したがって、自分で（または税理士に依頼して）損益の状況を示す資料を作成する必要があります。

多くの場合、起業してしばらくは損益が赤字になりがちです。審査上重要なポイントは、申し込みした直近の損益がどうかです。たとえば4月に起業し11月に申し込みする場合、「9月までは赤字で10月に黒字になった。11月も順調に推移している」という動きであれば、さほど問題はありません。

しかし、申し込み時点でもまだ赤字が続いている場合が厄介です。融資担当者から「まだ採算がとれていない」と見られてしまうからです。そのときに重要なのは、**「起業してこれまでは赤字だけど、今後は黒字に転換する見通しである」と説明する**ことです。今後の売上増加と採算見通しを根拠ある数字で示すことによって、融資を受けられる可能性があります。

③起業後1回目の税務申告以降に申し込む場合

1回目の税務申告を終えた後に申し込む場合は、「新創業融資制度」における**自己資金の要件がなくなることが1つのメリット**です。自己資金の要件として「税務申告を終えていない場合は、創業時において創業資金総額の10分の1以上の自己資金を確認できる方」とありますが、これを気にしなくてよくなるわけです。

ただし、税務申告時の決算書の内容が、審査に大いに関係することになります。起業して1回目の税務申告では、起業時にかかったコストを一気に計上するので、「創業赤字」になることがあります。すると、税務申告時の決算書を示すだけでは、融資担当者が「赤字で厳しい」という判断をしかねないので、注意してください。

大切なことは、備品や消耗品など、**初期投資として使った経費を除いた損益について、表を作成するなどして融資担当者へ説明する**ことです。それが黒字であれば、「事業が採算ベースに乗った」といえます。万一、それも赤字で、直近の月もまだ採算がとれていなければ、かなり厳しい見方をされてしまいます。その場合は、今後の見通しや黒字化するための方策について、説得力ある説明資料を提示することが欠かせません。

店舗や事務所を借りるときの留意点

店舗や事務所を借りて起業する場合は、いくつか留意すべき点があります。

①物件は融資申し込み前に決める

借りる物件は、融資を申し込みする前に決めておかなければなりません。「東京都内のどこかで」というのでは、融資を決めてくれないからです。「この物件を借りて始めます」と明確に特定して、物件概要書などの資料を提出する必要があります。

物件を決めるといっても、**賃貸契約をしなければならないわけではありません**。賃貸契約を締結するのは、融資が決まってお金が振り込まれた後でいいのです。

しかし、不動産屋に「この物件を借りたいのでキープしておいてください」とお願いしても、「もし、ほかの人が先に契約を希望されたら応じざるをえません」といわれることがあります。とくに飲食店などは、立地条件のいい物件が出ると、取り合いになるケースがあります。申し込み前に契約するのがベターといえますが、万一、審査にパスしなければ困ってしまいます。この問題については万能といえる解決策はないですが、たとえば物件オーナーの理解を得るなどしてうまくキープするほかありません。

②「居抜き物件」の落とし穴

飲食店を開業したい起業家の中には、以前も飲食店であった「居抜き」の物件を探す方が多いです。厨房の水回りや換気設備などが残っているので、初期投資が少なくて済むからです。

しかし、居抜き物件には落とし穴があることに注意してください。立地はいいように思えるのに、飲食店が出店しては廃業するのを繰り返している物件があります。こうした物件は、地域住民や通行人から「よく飲食店が潰れる場所」と認識されていることがあります。

それだけなら工夫次第で繁盛店にできるかもしれませんが、**問題は以前の店の経営者が日本政策金融公庫の融資を受けている場合です**。万一、その融資の返済が滞っていると、日本政策金融公庫にとってみると、同じ店舗物件に二重に融資をすることになります。

今回申し込みした人にその事実を伝えることはないですが、ネガティブな判断になりがちなのです。もちろん、それだけでＮＧになるとはいえませんが、どうしてもマイナス材料の１つになってしまいます。

したがって、居抜き物件を探す場合は、以前の飲食店の繁盛ぶりなどについて不動産屋さんや地域の人にヒアリングして決めることが大切です。

③又借りや間借りを考えている場合

賃貸契約は別の人がして、そこを又借りや間借りして事業を始めたい方がいますが、賃貸契約では転貸を禁止する条項が入っているのが普通です。その場合は、物件オーナーが認めていることが前提になります。**融資担当者にオーナーが認めていることの証拠を提示しなければ、融資の対象としてくれない**ことに留意が必要です。

④レンタルオフィス（シェアオフィス）やバーチャルオフィスを利用する場合

最近、起業当初はレンタルオフィスを利用するという方が増えています。しっかりとしたシステムのオフィスであれば、融資に関して大きな障害となることはありません。住所だけを借りる形のバーチャルオフィスも問題はありませんが、実際の拠点をどこにするのか、融資担当者へ明らかにすることが重要です。

⑤自宅兼事務所として借りる場合

自宅兼事務所を賃借するのは基本的に問題ありませんが、**事業を開始するスペースがあることを図面などで説明すること**が大切です。とくにエステサロンなど、機械や備品を購入するために創業融資を受ける場合は、どの部屋に設置するのかを伝えてください。

なお、創業融資が対象とする資金使途は事業に関するものだけです。物件を借りるための敷金・保証金や内装工事費について、住居部分は対象外なので注意してください。

資格・許認可・届け出を必要とする業種の留意点

始めるのに許認可が必要なビジネスの場合は、「融資前に必要なもの」「融資後に取得することでOKのもの」に分かれます。例を挙げると次のようなものがあります。

【融資前に必要なもの】
・税理士など士業の資格
・古物商の許可
・美容師や理容師の資格
・個人タクシーなどの二種免許
・医師や歯科医師、看護師などの資格

【融資後に日本政策金融公庫へ報告することでOKなもの】
・飲食店の営業許可

・美容院や理容所の営業許可
・歯科診療所の届け出

不動産業の場合は、代表者が宅地建物取引士の資格を持っていて、かつ融資前に宅地建物取引業の免許を取得していることが前提になるケースがほとんどです。

また、資格や許可が必要かどうかグレーな業態の場合は、基本的にNGになります。たとえば「ヘアメイク」と称して美容業の許可を取らないといったケースなどです。

個人信用情報にネガティブな情報がある場合

創業融資を希望する人の中に、「個人信用情報がブラックなんです」と話す方がいます。事情を聞くと、以前に消費者ローンが払えなくなり、債務整理を行ったなどです。「○年前に自己破産した」という方もいます。

そのような場合は融資が難しいのは事実ですが、必ずしも不可能というわけではありません。

私が相談を受けたら、まず自分の個人信用情報を取得することをお勧めしています。そこに、どのような形で情報が出ているか確認することが大切です。

もし債務整理や自己破産をしたことがわかる記載になっている場合、融資担当者がそれを知ることになります。融資の申し込みをしたら、あらかじめ個人信用情報を見ることができるのです（借入申込書の裏面に同意する旨の記載があります）。

ところが、融資担当者は個人信用情報の内容について、「これはどうしたのですか？」と質問することはできません。個人信用情報機関との契約で、記載内容については言及できないことになっているからです。

したがって、**申し込みした起業家本人から、債務整理などを行った事実とその事情をしっかり説明することが大切です**。併せて、証拠となる資料も提示する必要があります。そのうえで、事業を軌道に乗せて、きちんと返済できることを理解してもらうことによって、融資が受けられる可能性が出てくるのです。

同居家族や家計の情報も重要

プライベートなことはいいたくないと思うのは無理もない話です。しかし、審査においては、同居家族の情報も審査判断の材料の1つになります。したがって、できるだけオープンにするほうが審査を円滑にパスすることにもつながります。融資の審査では、事業の見通しだけでなく、家計の状況も大いに関係するからです。

たとえば、妻がエステサロンを始めたいので融資を申し込む場合、夫について**「会社員です」というのではなく、具体的な勤務先をいったほうが効果的です**。夫に安定収入があれば、多少事業の見通しに不安があっても、家計の負担が小さいと思うからです。単に「会社員」では判断材料として弱いですが、「○○株式会社の部長」と教えてもらえると、プラス材料として稟議書に明記できます。

借入申込書に家族を記入する欄があるのは、家計の状況を推測するという目的があるのです。同居家族に職がある場合は、できるだけ具体的に書くことをお勧めします。

資本性ローン（挑戦支援資本強化特例制度）について

日本政策金融公庫の融資制度には**「資本性ローン」**があり、これから起業する人も対象になります。これは「技術・ノウハウに新規性が見られる方」というのが要件になっています。

この制度の大きな特徴は、次の2点です。

①本特例による債務については、金融検査上自己資本とみなすことができます。

融資であるにもかかわらず、金融庁の検査で自己資本とみなしてくれます。決算書上で「資本の部」に計上できます。その結果、金融機関から融資を受ける際に、財務分析でプラスに働くのです。

②本特例による債務については、法的倒産手続きの開始決定が裁判所によってなされた場合、すべての債務（償還順位が同等以下とされているものを除く）に劣後します。

つまり、「劣後ローン」といわれるものです。

また、返済の条件にも特徴があります。一定期間後（たとえば7年後）に一括返済する（利息は毎月）という方法です。研究開発の期間が長く、すぐに収益にはつながらないが、将来、大きな事業になることが見込めるといった事業に最適です。

資本性ローンを利用する場合は、本書で説明している創業計画書だけではなく、5〜10年後を見据えた事業計画書を作成する必要があります。

国の政策で「世界に通用するベンチャーを育成する」ことが掲げられているため、日本政策金融公庫では資本性ローンを拡大していく動きがあります。ハイテクノロジーなど斬新なビジネスをお考えの方は、ぜひチャレンジすることをお勧めします。

中小企業経営力強化資金について

中小企業経営力強化資金は、「外部専門家（認定経営革新等支援機関）の指導や助言を受けて、新事業分野の開拓等を行うみなさまの経営力や資金調達力の強化のお手伝いをする」というのが趣旨です。認定経営革新等支援機関（略して「認定支援機関」といいます）のアドバイスを受けて事業計画をつくり、申し込むというスキームです。「認定支援機関」とは、銀行や信用金庫、商工会議所や商工会、税理士や弁護士などの士業、コンサルタント事務所など、全国で3万3000ほどあります（中小企業庁のウェブサイト参照）。

この制度のメリットは2つあります。

1つは、多少、**審査がパスしやすくなる**といえることです。認定支援機関がアドバイスをすることで、「より事業が成功しやすくなるだろう」という考えに基づいています。たとえば自己資金が少なくても、融資がOKになる可能性が高まります（注：日本政策金融公庫が公言していることではなく、あくまでも私の経験に基づく意見です）。

もう1つのメリットは、**融資金額が大きくなる**ということです。一般の創業融資ではほとんどの場合1000万円までしか出ないのが実態ですが、この制度を利用すれば、それを超える額を実現することが可能です。総投資額が大きい創業に適しています。

申し込み手続き上、創業計画書とは別に**中小企業経営力強化資金用の事業計画書を作成する**必要があります。それには、認定支援機関のコメントと印鑑が必要です。メリットと手間を考慮して、利用するかどうかを検討するといいでしょう。

融資を受けた後の留意点

晴れて審査をパスして融資を受けたときは嬉しいものですが、そこで油断しないようにすることが大切です。起業すると、お金は驚くほどのスピードで少なくなっていくからです。せっかく調達した資金を無駄にしないように、計画的に使うべきなのはいうまでもありません。

融資を受けた起業家の中には、資金に余裕があると勘違いして、「金に糸目をつけず」使いますぎて、投資効果を得る前に資金が底をつくケースも少なくありません。

「お金には色がない」といわれますが、創業融資を受けた後は、**お金の色を意識する必要があります**。融資には資金使途があり、たとえば「300万円は店舗の内装工事に使う」という前提で出ています。もしそのとおりに使わなかったら、後で**日本政策金融公庫に判明した場合、一括返済を求められる**などペナルティが課される可能性があります。

融資金額が減額された場合の留意点

600万円の融資申し込みをしたけど、審査の結果300万円しか出なかったなど、融資金額が希望よりも少なくなるケースがあります。その場合の留意点をご説明します。

①融資対象の資金使途について認識しておく

600万円の融資申し込み時の資金使途が、設備資金300万円、運転資金300万円であった場合、決定金額300万円がどれに対しての融資なのかを確認することが大切です。

普通は設備資金が優先されますので、**減額されたとしても予定していた設備は購入しておく**

必要があります。設備購入をやめて運転資金に使ってしまうと、「資金使途流用」とみなされて、一括返済を求められるなどのリスクがあるからです。どの資金使途が対象なのかわからない場合は、融資担当者に聞いておきましょう。

②事業を小さく始めて成長していく意識を持つ

希望よりも減額されると、予定していた初期投資ができなかったり、起業後の資金繰りがタイトになったりします。でも、落胆するのではなく**「まずは小さく始めて育てていこう」という意識で、腹を据えてスタートする**ことをお勧めします。徐々に収益を確保して、次の資金調達のタイミングで事業拡大を図ってください。

次はいつ融資を受けられるか？

「創業融資を受けた後に、次回はいつ頃申し込みできますか？」という質問を受けることがあります。「残高が半分くらいにならなければダメ」という人がいますが、そんな決まりはなく、申し込みはいつでも可能です。

とはいえ、さすがに数カ月以内に追加融資を受けられることはレアケースです。一般的には**1年程度は経過してから再申し込みをする**のが現実的です。

ただし、事業拡大のスピードが速く、早期に次の展開のための資金が必要になった場合は、積極的に日本政策金融公庫へ相談すべきです。併せて、民間金融機関との取引も模索し、円滑な資金調達を図っていくことが重要です。

融資を断られたら二度と無理か？

「創業融資は一発勝負」といわれるとおり、基本的には一度審査でNGの結論になったら、それを覆すのは難しいのが実態です。しかし、事業計画を大幅に見直して、NGとなった理由を打ち消すことができたら、その限りではありません。

私が支援したお客様の事例で、次のようなものがありました。

飲食店開業のために日本政策金融公庫へ融資を申し込みましたが、「採算見通しに確信が持てない」という理由で断られてしまいました。その後、私が相談を受け、「投資金額の縮小と売上見通しの根拠を明確にすることで融資を受けることができるのではないか」と考えました。

そこで、設備や内装工事を安くあげる努力をするとともに、集客見通しについて根拠を集めました。約半年後、再度、日本政策金融公庫へ申し込みをしたところ、審査をパスすることができたのです。

こうした例は稀ですが、**事業計画を見直して再チャレンジすることで融資が受けられることもある**のです。

また、日本政策金融公庫がNGでも、制度融資でOKになることもあります。資金調達は簡単にあきらめずに、何が原因なのかを客観的に分析して再チャレンジしてください。

こんな残念な起業家になってはいけない

ここで、創業融資を受けるに際して〝残念な起業家〟にならないよう注意を喚起しておきたいと思います。以下のような姿勢だと、マイナスになることを認識してください。

・「個人と会社は別」といういい方をする人

最初から法人を設立して、無担保・無保証人の「新創業融資」を申し込む人に散見されるのが、「会社と自分（個人）は別」という姿勢を強く表すことです。融資担当者としては、自分が設立した会社なのだから、個人としても責任感を持って取り組むべきと考えます。

新創業融資の場合は、代表者の個人保証はなくても融資を受けられますが、経営者としての「覚悟」はしっかりと示すべきです

・「余裕資金がほしい」という人

運転資金の資金使途について質問されたときに、**「余裕資金として必要」という回答をする人がいます。しかし、これはNGワードだと覚えておいてください**。金融機関は余裕資金のために融資をしないからです。具体的に資金使途を説明することが大切です。

・ブームのビジネスに乗ろうとする人

流行っているからという理由だけで、ビジネスを決める人がいます。しかし、ブームは必ず去ることを認識してください。私が融資担当者だったときに、次のようなビジネスで融資の申し込みがありましたが、ネガティブな判断をしていました。実際、その後、短期間でブームが去り、多くが廃業する結果になっています。

【ブームビジネスの例】

・バブル期のカラオケボックス

・ダイエット効果があるというブルブルと振動する機械

・もつ鍋店

・自分にノウハウがないことを公言する人

たとえば、飲食店開業を予定している人で、「自分はまったくノウハウがないので、シェフや店長に任せる」と公言する人がいます。たとえ実態はそうでも、経営者としての資質のなさをアピールするようなものです。

・情報をオープンにしない人

「このビジネスモデルはマネされると困るから、詳しく説明したくない」『取引先とは秘密保持契約を結んだから、固有名詞をいえない」など、情報をオープンにしない人がいます。これでは審査でOKとするための材料が不足してしまいます。金融機関には守秘義務がありますから、**審査に必要な情報は積極的に伝える**ことが重要です。取引先と秘密保持契約を結ぶ場合も、金融機関は例外とする条項を盛り込むことが大切です。

・「遅れても月内に払っている」という人

既存借入の返済や公共料金について、期日どおりに支払っていないのに「月内にはきちんと払っている」と主張する人がいます。しかし、金融機関が審査判断をするときには、**支払期日を守る姿勢（期日観念）を重視します**。日頃から、支払いを期日どおりに実行することが大切です。

おわりに

最後までお読みいただき、ありがとうございます。創業計画書の書き方と審査をパスするためのポイントについてご理解いただけたと思います。

私は日本政策金融公庫に26年間勤務して、5000人以上の起業家の創業融資に携わりました。実は、審査の仕事をしていた頃、「審査の仕事は簡単で、誰でもできる」と考えていた時期がありました。

しかし、その後、それが大きな間違いであり、融資の審査はとても奥が深い、難しい仕事だと認識を改めたのです。企業は常に変化しているので、的確な審査判断をするためには過去の事業実績を見て検討するだけでなく、今後の見通しが重要だと痛感したからです。

とくに創業融資の審査では、過去の経営実績はありません。将来を予測する仕事なので、判断に迷うことが多かったものです。中には、「この人はうまくいくだろう」と判断したのに、短期間で廃業したということがありました。逆に、融資NGとしたのに、その後、開業した店が繁盛して有名になった経営者もいたのです。「創業融資の審査は多面的な検討が大切だ」と再認識したものでした。

私は、自分自身が起業した後、日本政策金融公庫と起業志望者の架け橋となるように努めています。創業融資を受けるためのサポートもしていますが、融資を受けさえすればいいとは考えていません。融資は起業を実現させるための手段にすぎず、事業を長く続けることが大切だからです。第2章で述べたとおり、日本政策金融公庫の創業融資を受けた人は、長く事業が続いていています。日本政策金融公庫の創業融資の審査は、事業がうまくいくかどうかの試金石といっても過言ではないと思います。

また、日本政策金融公庫の職員など、創業融資に携わる方にお願いしたいのは、審査において多面的な検討をしていただきたいということです。新規性や独自性の強いビジネスについても、アンテナを高くして情報を集め、的確な判断をお願いしたいと思います。それが、日本の優れたベンチャーを生み出すための大きな力となるのです。

2016年3月

上野 光夫

［著者］

上野光夫（うえの・みつお）

MMコンサルティング代表取締役、中小企業診断士、起業支援プラットフォーム「DREAM GATE」認定アドバイザー。

1962年鹿児島市生まれ。九州大学を卒業後、日本政策金融公庫（旧国民生活金融公庫）に26年間勤務し、主に中小企業への融資審査の業務に携わる。3万社の中小企業への融資と、5000名超の起業家への創業融資を担当した。融資総額は2000億円にのぼる。

2011年4月にコンサルタントとして独立。起業支援コンサルティング、資金調達サポートを行うほか、研修、講演、執筆など幅広く活動している。リクルート社『アントレ』などメディア登場実績多数。日本最大の起業家支援プラットフォーム「DREAM GATE」において、アドバイザーランキング「資金調達部門」で3年連続して第1位に輝く。

著書に『3万人の社長に学んだ「しぶとい人」の行動法則』（日本実業出版社）、『起業は1冊のノートから始めなさい』（ダイヤモンド社）、『「儲かる社長」と「ダメ社長」の習慣』（明日香出版社）、『仕事で結果を出す人はこの「きれいごと」を言わない』（フォレスト出版）がある。

事業計画書は1枚にまとめなさい
――公庫の元融資課長が教える開業資金らくらく攻略法

2016年4月21日　第1刷発行
2024年3月15日　第5刷発行

著者――――上野光夫
発行所――――ダイヤモンド社
〒150-8409　東京都渋谷区神宮前 6-12-17
https://www.diamond.co.jp/
電話／ 03･5778･7233（編集） 03･5778･7240（販売）
ブックデザイン――松好那名（matt's work）
DTP――――荒川典久
製作進行――――ダイヤモンド・グラフィック社
印刷――――堀内印刷所（本文）・新藤慶昌堂（カバー）
製本――――ブックアート
編集担当――――田口昌輝

ISBN978-4-478-06934-9